Histórias Em Rima

Poesia Para: Inspirar, Provocar, Despertar

Alavida

Tradução: Simone Telles

Copyright © 2023 *Alavida*
Alavida Publishing

Todos os direitos reservados. Nenhuma parte deste livro pode ser reproduzida, armazenada em um sistema de recuperação ou transmitida de qualquer forma ou comprada por qualquer meio - eletrônico, mecânico, fotocópia, gravação, digitalização ou outro, com a permissão prévia por escrito do autor ou editor.

Para perguntas ou solicitações, entre em contato com o autor em: alavidacreative.com ou: alavidacreative@gmail.com

ISBN: **978-1-959602-23-1**

Este livro é dedicado às pessoas do mundo

CONTEÚDO

1. Quando Estou Com Você!..................1
2. O Infinito e o Momento Eterno..................2
3. Nascido do Lado Errado da Ferrovia..................4
4. Você é o Único!..................6
5. Deixe Sua Alma Falar..................8
6. Pegadas me Levam até o Mar..................10
7. O Traficante..................11
8. O Cálice da Vida..................13
9. Místico Urbano..................15
10. Eu Quero ir Para Onde..................16
11. A Dança..................20
12. Inspiração..................21
13. Exposição Dupla..................24
14. Extremo Sarcasmo do Mundo Moderno..................26
15. Imagine..................28
16. Permita-se Ser Conduzido..................30
17. A Jornada da Vida..................32
18. A Longa Viagem..................34
19. A Estrada Menos Percorrida..................35
20. Natureza e Mistério..................38
21. Manifestações de Amor e Sonhos..................39
22. Nascido Inteiro e Completo..................41
23. Você Precisa Viajar..................44
24. Poema Místico..................46
25. Procure Mais Fundo para Encontrar..................48
26. Divagações sobre a Política e a Vida Moderna..................51
27. Quando Ela Dança..................53.
28. Homo Sapiens..................54
29. Um Pouco sobre Minha Vida..................55
30. Seja Bom!..................58

31. Seu Espaço Silencioso................59
32. Ode à Gaia............................61
33. Consciência Quârtica..................62
34. Olá, Viajante........................66
35. Jane Doe.............................68
36. Espere o Inesperado..................69
37. O Que Você Diz para Si Mesmo.........73
38. Destrua a Ilusão e Acabe com Isso!...77
39. Seja um Empreendedor.................79
40. Mundo Fictício......................83
41. O Dilema do Rapper..................86
42. Onde Sopra o Vento Selvagem.........88
43. Alguns Corações Batem como Um Só....91
44. A Linguagem do Coração..............93
45. A Experiência........................94
46. A Jornada da Vida...................95
47. Nascido Neste Mundo.................98
48. Um Trabalho de Amor.................99
49. Os Tambores da Revolução............100
50. A Musa..............................101
51. Eu lhe Peço e Desejo Ser Feliz......102
52. Eu Quero Saber.....................104
53. Estória de Amor....................105
54. Por favor ajude a parar todas as guerras?.........107
55. Espiritual.........................108
56. Homenagem à Abelha.................115
57. É tudo sobre você..................116
58. Que Lindo!.........................117
59. A Flecha do Cupido.................118
60. Vamos Personalizar.................119

1. Quando Estou com Você!

Eu amo dançar com você na hora da mais profunda escuridão,
Quando não há luz a atrapalhar a mais sublime tentação...
Suavemente nos movemos juntos como flores d'água,
Somos pura energia e não espaço algum para mágoa!
O tempo que passamos juntos, apreciando do mundo a magnitude,
Beijos inocentes sob cachoeiras, debaixo dos dourados arco-íris a plenitude...
Descemos ao inferno juntos e voltamos, passamos por muitas contrariedades,
Velhas sombras superamos e nozes duras quebramos, sob tempestades...
Vou atravessar com você bons e maus momentos, chuva e tormenta,
Junto a você tudo se torna um paraíso, cobertor que nos esquenta.
As imagens, as cores, as emoções que partilhamos,
Aventuras que enfrentamos, obstáculos que ousamos...
Tempo e espaço se dissipam, como o gelo em orvalho precoce,
A vida fica mais rica e mais bela— quando eu estou com Você!

2. O Infinito e o Momento Eterno

Quão sereno, sublime e deslumbrante, é o silêncio da natureza crescente,
Como o coração palpita de alegria, e a alma saltita cantando contente!
Beija-flores miram belas flores; borboletas disseminam sementes,
Como as puras águas primaveris cintilam à luz do sol, raios e horizontes...

Raios de sol brincam de esconde-esconde por entre os grandes galhos amigos,
Patinhos à procura da mãe, nadando riacho abaixo: correndo grandes perigos!
Vagalumes dançam à luz do luar, a criar mistério e intriga; tudo isto se parece
Com as cores da Aurora Boreal, em um drama teatral, que a gente nunca esquece...

Como a natureza é sutil, suave e severa, energia segura sempre a fluir,
Na escuridão da noite, olhos brilhantes distantes observando você a luzir...
Saltitantes, abundantes, variantes, como as coisas aparecem do nada e crescem,
O sentimento da água correndo, resplandecendo cristais, que à neve abastecem.

A sabedoria pensativa contempla ativamente, conecta-se a todas vidas humanamente
Permite ao coração se abrir e sorrir sabiamente, acalmando o desassossego da mente!

A consciência atenta assoma do silencio, cochichos sentidos, altos e claros,
Invocando os arquétipos dos guerreiros, pajés, agoureiros e videntes raros,

O enigma que chamamos vidas, peças perdidas, quem sabe o que representa?
Vivendo o infinito momento presente, o corte do cordão umbilical atento aguenta,
O vasto macrocosmo do universo se reflete no microcosmo de um corpúsculo,
Que existe em todas formas de vida, a ameba, o elefante, o girino no crepúsculo...

A natureza opera neste exato momento — O Infinito e o Momento Eterno!
O místico chamado da selva —magia e milagre coexistem com o moderno!

3. Nascido do Lado Errado da Ferrovia

Nasceu pobre, em bairros pobres e favelas; do lado errado dos trilhos rachados,
O machado sempre esquece árvores caídas, mas a floresta não perdoa machados.
Tempos depois, ele ficou desiludido, não distinguia mais as árvores na floresta,
Tornou-se um rato a correr no labirinto — mas no fim do qual queijo não resta...
E como acontecia em casos como esse, ele tinha um trauma de infância.
Tinha crescido entre fast-foods, lojas de bebida, drogas, drama familiar e violência.
Determinado a quebrar barreiras: fez faculdade, crédito estudantil, trabalhos sem terno
Aulas tempo integral, empregos tempo parcial, seu orgulho era ter um iphone moderno.
As árvores que são flexíveis se curvam, sobrevivem na tempestade.
Os pássaros que acordam mais cedo, comem minhocas à vontade.
Ele vivia em uma armadilha por ele criada, uma prisão sem tranca escura,
Para libertar-se ele precisava cair em si, tomar a chave em atitude madura...
A ovelha tem medo do lobo — se distrai e do pastor toma distância inculta,
É o pastor que se esconde atrás do cajado, camufla o poder da fera adulta.
Quando ele chega aos cruzamentos— ele toma o caminho mais deserto.
Cria sua própria economia e sucesso; a vida o surpreende e o deixa esperto.

Oportunidades eram abundantes, disponíveis para quem quer que fosse aberto.
Poderia se esquivar de golpes, bendizer a má sorte, cair e superar obstáculo certo.

4. Você é o Único!

Deixe o amor ser sua luz, sua estrela do Norte a guiá-lo até a terra prometida,
Deixe a intuição ser guia por florestas exuberantes, por desertos de areia ardida...
Deixe a compaixão ser a motivação, que o leva para longe e lhe permite a bondade,
Esteja atento a seu ego, à noite escura da alma, deixe de ceder da mente à vontade!

Permita a seu coração se abrir, soltar emoções e a imaginação conduzir sua vida,
Permita quem você é realmente brilhar; minimizar a distração e a contenda urdida,
Seja gentil com o ambiente que você escolheu, e também com as pessoas ao redor,
Tenha uma vida organizada, seja seletivo, diga não, esforce-se por uma vida melhor,

Abandone a ilusão, com trabalho constante e ação, oriente a vida para anos futuros,
Deixe de ser perfeccionista, esperar altos resultados, trará dor a seus dias maduros.
Respire fundo, concentre-se em si mesmo, seja grato à vida lhe por trazer só coisas prazerosas,
Acorde para a realidade, liberte-se, seja resiliente, não seja um rato atrás de comidas gostosas...

Pare de pensar que alguém está chegando para salvá-lo, a pessoa que você espera é Você mesmo!
Junte suas forças, seu poder interior, e olhe-se no espelho: Você é Único, e o tempo corre a esmo.

O amanhã que nunca chega, a procrastinação, a autosabotagem; tudo isso é medo que se arrasta e disfarça,
O medo autoinduzido prende você à sua zona de conforto, uma cela de prisão fabricada: sua maior farsa

Quando a vida lhe traz coisas difíceis, e lhe dá um monte de limões, faz você esquecer quem é e o torna tristonho,
Ponha a beleza em sua vida: cante, dance, abra seus presentes e deixe o mundo dividi-los com você, risonho.
Conceda a si mesmo, permissão para cometer erros, deixe que a luz entre em você e o faça brilhar.
Permita-se paz, silêncio, contemplação, sabedoria coletiva da idade, fique ligado e aprofunde o olhar...

A vida voa num piscar de olhos, do ponto de vista do cosmos torna-se uma fração de segundo no tempo e no espaço,
Viva sua vida ao máximo, divida seu amor e paixões com o mundo: tenha compaixão, alegria e gratidão à cada passo...

5. Deixe Sua Alma Falar

Parece que a vida o levou a passear de montanha-russa e o deixou bastante adoentado,
O mundo é um espaço tridimensional, um fantasma faminto, o futuro o deixa assustado?
Como uma vítima da condição social, leva uma vida obscura; perceba a falta de propósito- pare de procurar!
Contemplação profunda, silêncio e meditação, encontre-se com o Criador: deixe sua alma se manifestar...
A sabedoria oriental diz: "viva sua própria vida", torne-se único com o fluxo e o refluxo da existência,
Não seja resistente, não julgue, desapegue, poderes incríveis surgirão — desenvolva-se com a vivência...
Quando medita profundamente, você percebe que na quietude reside o maior domínio,
Todo o universo inexplicável pode ser sentido na etérea beleza de uma flor o fascínio,
Onde a Consciência permanece em repouso, a ilusão pode ser entendida,
Porque é a própria Consciência que guia a ilusão: não permite ser traída,
Um mundo de energia entrando e saindo da realidade é nossa constatação,
Por que a própria Consciência é a força motriz de toda e qualquer ilusão!
Você pode sentir que há fragmentação, um tipo de abismo, no fundo de uma enorme greta,
Sua vida perdeu o equilíbrio, as partes não se conectam; sente necessidade de uma vida completa?
Mas com frequência o passado fere, sentimentos de separação vêm do fundo do ser,
Você não está se conectando, nem prestando atenção, nem ouvindo, sem perceber,

Se você não gosta de onde está, você não é uma árvore, você pode zarpar!
Sua vida é uma câmera de ecos, reflexo de seus hábitos e tudo em que acreditar.
Você pode seduzir o tempo para ser seu aliado– se não, pode tornar-se inimigo,
Antes que você perceba, estará se perguntando, quando deixou de ser amigo?
A vida se manifesta em cada momento único, um bebê chorando, um adulto estressado, um idoso rabugento,
Tudo acontece em paralelo, ao mesmo tempo, no mesmo momento— como um sonho que passa lépido como o vento...

6. Pegadas me Levam até o Mar

Pegadas na areia macia, levam-me até uma praia,
Desisti de alcançar terras altas, onde o sol não se espraia.
Caminho ao longo da praia, tento me situar no tempo e no infinito,
Sinto alegria de estar perto do oceano e viver em local irrestrito...

Eu canalizo criatividade, curo feridas da alma, cesso angústia e dor,
Às vezes me sinto perdido, tudo que faço para crescer não tem valor
Após longa caminhada, volto para o meu refúgio, deixo a chave de lado,
Entro, relaxo, levanto, ouço música, como chocolate, bananas, como um macaco irado...

Aprecio o pôr do sol, o clima quente, a brisa fria e salgada que vem de além-mar,
Curto meu ócio, leio, escrevo, pinto, faço yoga e brinco com Shakti, o cão a ladrar.
Caminho e aprecio a majestade da natureza, o toque suave das flores a romper,
Sendo consciente e conhecedor da beleza, o refluxo e o fluxo, a força, o poder!

Eu ouço, eu cheiro, eu vejo, eu sinto em meu coração: a inata eterna energia...
Eu caminho pela praia, justo neste momento sinto em mim a luz que irradia,
Pegadas frescas me levando para o mar......

7. O Traficante

Um traficante ele teve que ser, foi forçado a ir para o crime,
Sem dinheiro nos bolsos, sem níquel e centavo que o anime,
Amava a palavra falada: hip-hop, e ele podia contribuir com uma boa rima.
Os policiais das redondezas eram vis, arrastavam-no na lama sem estima.
Seus antepassados trazicos para o Novo Mundo–contra a vontade em correntes,
Viveram por gerações em horríveis condições–com sofrimento ficaram doentes,
Tudo isso os levou a viver sob um véu de ilusão, geração após geração,
Sob o "polegar do Homem", vivendo na adversidade, ignorância e confusão,
Tudo o que ele pedia da sociedade era uma chance de jogo nivelado,
Ao contrário, ele conseguiu foi ser bode expiatório e de tudo culpado.
Suas diversões eram filmes, esportes ou simplesmente traficar,
Clientes seletos, chegou às grandes ligas e foi num castelo morar.
É ridículo ser julgado por ter um pouco de melanina em excesso!
Não é a cor da sua pele, ele percebeu – é algo que nele estava impresso.
Pulou de casa em casa, foi expulso, humilhado, pisoteado, mas não desistiu!
Desenvolveu força para se manter firme, resiliente, o espírito se prostituiu!
Ele viu que ia sabotar suas chances, muitas vezes iria procrastinar,
Se deu conta que para tudo que queria na vida, atrasado ia chegar!
Parecia já ter tudo que queria, não precisava aturar mandamento,
Ele não tinha visão da vida; não tinha crença para seu tormento,
Ele se considerava um rapaz médio, um simples parceiro diário,

Ele aprendeu de um sábio mentor, ser de gratidão emissário,
Ele aprendeu: quem tem telhado de vidro não deve atirar pedras em outrem,
Sentir culpa, vergonha e reclamar dos outros, vícios de simples ninguém!
A dor e o sofrimento que ele passou, não tentou negar nem esconder,
Todas as rachaduras na alma, ele quis aceitar integralmente sem rever,
A total aceitação de quem ele era, gradualmente permitiu aos traumas aparecer.
Muitas de suas escolhas e destino– surgiram de um espaço imutável dentro do ser.
Realizando sonhos através da percepção, um processo de expansão do consciente,
Conhecendo a plena certeza antes de entender a manifestação do sonho latente,
Lutando de costas para a parede, nunca aceitou ser derrotado,
Às vezes a sorte estava contra ele, mas não se deixou ser apanhado!
Ele tinha treinado para ser forte durante séculos, campeão de sucesso, foi sua grande realização.
Ele tinha que acordar — e o fez! ...despertou sua consciência — alcançou a paz interior e Satisfação!

8. O Cálice da Vida

Deixe seu cálice da vida se encher e transbordar,
Deixe sua alma alçar você a compaixão engordar.
Na vida ou você se reveste de coragem e arrisca,
Ou se esconde em sua zona de conforto e estratifica!
A mágica da vida se encontra fora do tédio que você abraça
É o medo que você afronta, que você disfarça, mas que não passa!
Não tenha medo de falhar, tenha medo de não tentar,
A força e o poder vêm de dentro de você, não tente negar!
Quando você vive sua vida com propósito e intenção,
Quando você é levado para a frente, para a visão de vastidão,
Você verá a vida, de um modo nunca visto, e pode sentir a contradição.
Você percebe a vida se tornando mais suave, com menos complicação,
Você começa a viver mais; preocupações mesquinhas e problemas vão à extinção.
Nós os atraímos para nós mesmos conforme nossa própria e enérgica vibração,
O que enxergamos fora de nós é uma projeção de nossa interna reflexão.
A força da expressão de nossa linguagem e formas que nós vemos,
Temos a presunção errônea de que é real aquilo que enxergamos.
Ultimamente a verdade que todos procuramos, palavras não tem,
É derivada do silencio dos mundos internos de cada alguém,
Seja centrado, em sintonia com o som da verdade sendo transmitido aqui,
A mensagem é sutil: como a inteligência inata sacudindo folhas de uma árvore, você está aberto a ouvir?
Não deixe a vida ser levada pelos acontecimentos externos e medo sentir,

Sempre está a postos, o ego odeia as mudanças e quer deter e intervir!
Quando o vento cochicha nos ouvidos, parece que a criação diz para você seguir,
Se você quer encontrar o caminho de casa, deve seu ego e orgulho consumir!
Felicidade é um estado da mente, um completo estado do Ser,
Tem muito pouco com prêmios, troféus e conquistas a ver,
Temos que dizer sim com mais frequência à nossa intuição, coração e alma,
De outro modo ficará frustrado, e nunca alcançará seu intento com calma!
Melancolia e desgraça farão de você prisioneiro– pedágio de você irão cobrar,
Tudo que você precisa é ser aberto, dizer sim a todo o seu sim— nunca pense aquietar!
Acenda uma luz para isso, eu digo, e quanto mais você permite à sua luz brilhar,
Mais brilhante e mais intensa a minha luz brilhará a encantar...

9. Místico Urbano

O carro era um Cadilac — bem antigo — clássico,
A pintura era brilhante — lustrosa — metálica,
A canção explodindo era alta — psicodélica!
O rapaz no carro, bem vestido- narcisista,
O olhar em seu rosto robótico — fatalista,
Desfecho de sinapses dissociativas — caótica — hedonística!
Midia social e selfies querendo parecer legal — fantástico,
Pessoas jovens focadas na aparência —fanático por lojas — materialista.
Carnívoros com sobrepeso devorando um bife suculento — animalístico!
A música tinha o estilo do jazz, harmônica — linda — rítmica,
A letra tinha muitas palavras grosseiras — de — humanístico,
Aspirantes a gangsters em correntes douradas, carros caros: pretendem ser — o urbano místico!
Jovens desmiolados correndo em vias expressas — dirigindo — balísticos!
Tatuagens ele conseguiu na prisão, na pele profundas — masoquista,
Dissonância cognitiva chegando a ser caótica- psicótica!
Mulheres em pose de yoga, suadas: pretendendo ser — holísticas,
Comediantes de stand-up, muito cômicos — sarcásticos,
Os provocadores na plateia com comentários rudes — sádicos!
Viviam no entorno da cidade, em uma cabana — muito rústica,
Próxima à uma rodovia muito barulhenta — acústica.
Grafite ao longo das paredes das autoestradas — muito artístico,
Monumentos históricos no centro da cidade — icônico — bombástico,
A cidade estava lutando para parecer idílica — futurística...

10. Eu Quero ir Para Onde...

Eu quero ir para onde eu possa observar a beleza do céu anoitecer,
Eu quero ir para onde a Via Láctea pareça diamantes flutuantes — resplandecer
Eu quero ir para onde eu possa entender as vastas distâncias, a inteligência, o poder
Eu quero ir para onde eu possa sentar em silencio, concentrar-me e compreender
Eu quero ir para onde eu possa me reerguer à cada amanhecer
Eu quero ir para onde eu possa nadar na magnificência do sol nascer
Eu quero ir para onde o sol esquente a pele, deixe a pele bronzeada, arder ao toque
Eu quero ir para onde as pessoas correm no parque, com seus cachorros a reboque
Eu quero ir para onde as ondas batem nas rochas da praia formando a correnteza
Eu quero ir para onde há resquícios de espuma da maré que rebenta, graça e beleza
Eu quero ir para onde os vulcões despejam sua lava em difusas erupções
Eu quero ir para onde a terra tem fraturas expostas de terremotos e turbilhões
Eu quero ir para onde há florestas de gigantes, árvores que viveram por milênios, e continuam a crescer
Eu quero ir para onde eu possa estender meus braços e as árvores compreender
Eu quero ir para onde minha respiração forme nuvens finas no ar e comece a arrefecer
Eu quero ir para onde o céu é azul turquesa e a natureza é deslumbrante

Eu quero ir para onde as montanhas são encantadas e continuam ascendentes
Eu quero ir para onde as estações mudam, onde plantas seduzem os insetos e abelhas: onde flores desabrocham
Eu quero ir para onde flores explodem suas fragrâncias e espalham perfume a centenas
Eu quero ir para onde os pavões desfilam suas caudas em penachos cheios de penas
Eu quero ir para onde o sol faça as pessoas esquecerem sua melancolia e desgraças
Eu quero ir para o Polo Sul e observar pinguins a correr e escorregar
Eu quero ir para onde eu possa ver gansos aterrissarem no lago e flutuar
Eu quero ir para onde a luz do deserto é intensa, com amarelo, ocre e da cor da areia
Eu quero ir para onde é quente durante o dia, frio à noite, e o vento de graça permeia
Quero ir para onde os animaizinhos sejam felizes, correndo e brincando no sol
Quero ir para onde os bebês jogam fora suas mamadeiras, quando estão satisfeitos
Eu quero ir para onde eu for convidado, onde puder ouvir o riso das crianças em jogos a correr
Eu quero ir para onde haja jardins comunitários, onde possa a partir das plantações conviver
Eu quero ir para onde eu possa comer comida saudável, melhor se forem orgânicos,
Eu quero ir para onde haja medicina integral, não só tratar sintomas, que eu não tenha pânicos
Eu quero ir para onde os adolescentes sejam polidos, respeitosos e carinhosos, meninas e meninos

Eu quero ir para onde houver abordagem sistemática e holística nos estabelecimentos de ensino
Eu quero ir para onde possa ver adolescentes sob as árvores trocando o primeiro beijo
Eu quero ir para onde os avós sejam honrados e sua ausência sintamos de sobejo
Eu quero ir para onde a educação seja respeitada, sem provas de múltipla escolha e dos alunos estandardização
Eu quero ir para onde as pessoas vivam realmente em liberdade, e a liberdade não seja um subproduto de encarceração
Eu quero ir para onde meu trabalho seja respeitado e regularmente pagar
Eu quero ir para onde a vida seja boa e seja fácil uma família idealizar
Eu quero ir para onde eu não for julgado pelo meu CEP, profissão ou cor da minha tez
Eu quero ir para onde quem eu sou seja baseado em mérito, e que o trabalho seja para todos a altivez
Eu quero ir para onde eu possa viver a verdade, e não cultura impingida, que eu possa escolher
Eu quero ir para onde eu possa escolher minha própria vida, refletir e conexão restabelecer
Eu quero ir para onde haja poucos arranha-céus, autoestradas, grandes lojas as imagens
Eu quero ir para onde haja florestas verdes exuberantes com pássaros e animais selvagens
Eu quero ir para onde haja piqueniques, mesas cheias de comida, frutas e bebidas
Eu quero ir para onde as cidades reciclem o plástico, recolham lixo em tudo assumidas
Eu quero ir para onde as pessoas vivam em grandes famílias com seus parentes

Eu quero ir para onde os agressores sejam reabilitados, voltando a ser humanos entes
Eu quero ir para onde os pesadelos sejam proibidos e não existam mais
Eu quero ir para onde sombras psíquicas sejam reconhecidas e desapareçam da mente dos iguais
Eu quero viver no meio do Pacífico, em uma ilha isolada e deserta
Eu quero ir para onde eu possa comer chocolate o dia inteiro com framboesas — tão decadente
Eu quero ir para onde eu possa mexer o corpo, dançar ao ritmo da noite com certeza
Eu quero ir para onde eu possa brincar em qualquer idade, soltar pipa na natureza
Eu quero ir para onde eu possa sentir a conexão, a harmonia da natureza comigo
Eu quero ir para onde houver claridade, beleza e abundância possa sentir como amigo
Eu quero ir para onde a vida for mágica, e a felicidade como realidade diária imito
Eu quero ir para onde, olhando no céu noturno, possa ver das estrelas ao Infinito...

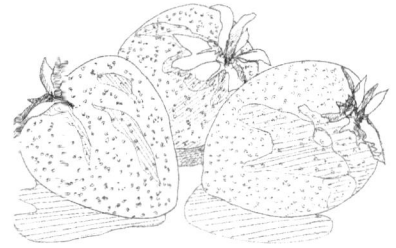

11. A Dança

Vestido preto, lábios vermelhos, sapatos de salto reto,
Movimentos misteriosos, música encantadora, ritmo concreto.
As estrelas cintilam seu brilho, o assoalho quente vibrando,
Sim, há uma certa mágica na dança, torcendo e girando...

Ditadora da dança, mas com muita calma e paz,
Espectros interlaçados de felicidade contumaz.
Sargento eu posso ser, você pode me chamar assim,
Face a face, alma com alma— Tango é tudo para mim!

Nós somos um com a música, e o ritmo se torna ondulado,
O tempo pára, a lua sorri, a coruja curiosa de olho arregalado....
Nossos pés se movem de um lado para o outro, como um só:não há competição.
Dançamos absolutamente imersos no fluxo cósmico — e a noite é pura emoção!

12. Inspiração

Há um diagrama especial, um código vital na sua vida e história,
Quando você decifrar o código, portas mágicas levarão você à vitória.
Cresça com sua visão da vida e faça disto sua obsessão,
Você será magnético mundo afora, pessoas lhe darão completa atenção,
Você precisa se sintonizar à sua própria visão, à sua própria FM estação,
Se você não o fizer, será um perdedor, sua vida será cheia de frustração.
Você estará caçando fantasmas na paisagem urbana, não terá justa compensação,
A vida irá testar você no processo, atirá-lo no caminho da confrontação.
Você será instruído em seus caminhos e será mestre no jogo da atração,
Você aí deixará marca no universo, dobrando a realidade à sua própria convicção.
O mundo quer que você viva sua melhor versão, quer que você seja resistente,
Apesar disso, seu ambiente lhe diz quando cresce: que você não é o suficiente!
Abrace suas imperfeições, a noite escura da sua alma — tudo isso é permitido,
Você precisa perceber isto agora, ou crescerá velho, sempre incompreendido.
Levante-se e fale de seus próprios princípios, você precisa se posicionar diante da realidade,
Se você não se comprometer com seus princípios e valores morais, cairá por qualquer fatalidade.

As respostas estão todas dentro de você, a qualidade das perguntas fará toda diferença,
No entanto, outras pessoas, circunstancias e o ambiente, irão tentar você com influência,
Há um mapa mental, uma fórmula que você segue inconsciente na vida para vencer,
Você fará qualquer coisa para alcançar o tesouro almejado, até crimes e mal proceder.
Este impulso latente para o sucesso irá indubitavelmente cobrar o seu importe,
Muitos irão ficar no caminho, perecer antes da linha de chegada, não alcançarão sua sorte.
Isto acontece, desde que mapas mentais e fórmulas para vencer foram implantados no passado, não por sua ação,
Programados antigamente pelos ancestrais, hipnose cultural, ambiente, manipulação forçada, medo e intimidação,
Uma perda será sentida mais com a dor, do que com o contentamento e admiração,
Pergunte a si mesmo o que faz você iluminar, seguir o caminho e continuar a existir,
Vai lhe dar energias para longas distâncias, irá nutrir você e ensinar a persistir,
Imagine, o que é aquela coisa que faz você se viver intensamente? Perseguir até a última paixão, fazer uma viagem, mergulhar profundamente,
São pessoas que seguem a sua paixão, isto traz alegria, a quem procura arduamente.
O subconsciente se compara à uma criança de cinco anos, com um poder tremendo: às necessidades do servo contenta,
Para muitos ele assume o papel de mestre, o ego complexo sobre esteróides; para outros, é maior, ele é o que alimenta.
É como se o louco fosse levado para fora do hospício e o resultado fosse proscrito,

Os papéis serão trocados, completamente invertidos: agora o servo se torna o perito!
A trajetória, o caminho que você toma inconsciente, sem dúvida levarão à derrocada,
Será um ciclo virtuoso de auto sabotagem, confinará você à uma gaiola dourada.
O ambiente que mais o envolve, determinará o nível de sua energia positiva,
Sua alma precisa ser liberada e desprendida, essa é a grande missiva,
São as companhias com as quais você anda, são as companhias que você confere,
Ao final da jornada, você poderá colher alegria e risos, ou ficar na tristeza que lágrimas aufere,
Seu subconsciente faz da sua própria imagem um barômetro, que constantemente ajusta seu valor,
Para tentar ir além de sua própria imagem, o barômetro irá se ajustar e algo propor,
Ciente do potencial que precisa ser realizado, se você ainda não chegou lá, tudo bem, não é por sua omissão,
A hipnose das culturas, condicionadas pelo passado, educação e meio ambiente serão assumidos por padrão,
O baralho de cartas de sua vida depende de você atrair recursos, poder e oportunidade,
Do outro lado do espectro, você pode ser desiquilibrado, estressado: puxado pela vida para a mediocridade.
A vida não acontece para você; acontece através de você— então você —com seu diagrama único deve ser ativado,
Se você não perceber isto, viverá como uma vítima, com dor, vergonha, culpa, sem ganho: como um ser evitado.
Você não atrai e obtém o que você quer: você atrai e obtém por quem você é!
Se você estiver lendo este, e você entendeu, assim chegou longe com fé...

13. Exposição Dupla

Eu levanto e levanto, mas ainda sinto meu caimento
Eu corro e fujo, mas não posso fugir de meu chamamento
Eu escrevo e escrevo, uma alegria no coração a cantar
Eu pinto e pinto, criatividade parece emergir e conectar
Eu trabalho e trabalho, mas pareço estar escorregando na sujeira
Eu perco e perco muitas longas horas, mas tudo é pura besteira
Eu assisto e assisto as notícias, tudo que vejo é distorcido
Eu bebo e bebo, e o álcool deixa meu cérebro entorpecido
Eu canto e canto, e a música revela um ritmo melancólico
Eu danço e danço e meu corpo se mexe de modo bucólico
Eu grito e grito, mas ninguém pode ouvir a minha voz
Eu tento e tento, mas sempre parece que fiz e escolha algoz
Eu empurro e empurro, mas a força não parece funcionar
Eu puxo e puxo, mas não parece que o objetivo vou alcançar
Eu planejo e planejo, mas o futuro parece uma batalha ausente
Eu olho e olho fora da janela, pessoas não são tratadas como gente
Eu sigo e sigo todos aqueles brilhos, o que acaba desastrado
Eu jogo e jogo, jogos estúpidos, terminam com o gongo errado
Eu viro e viro, rodo e rodo, e minha cabeça fica alucinada
Eu focalizo e focalizo, e meu corpo me deixa aclimatada
Eu como e como, mas o vazio emocional nunca deixa preencher
Eu compro e compro, mas com materialismo é pior se envolver
Eu vivo e vivo, e a vida está sugando os sucos da minha criatividade
E aprendo e aprendo e não posso entender a ciência, mesmo relatividade
Eu assobio e assobio, e a vida é doce enquanto eu sou muito divertida

Eu desejo e desejo, e a mágica da vida acontece enquanto sou agradecida
Eu leio e leio, e gradualmente boas ideias emergem na mente
Eu amo e amo, e a paixão é o que escorre do coração contente....

14. Extremo Sarcasmo do Mundo Moderno

Há uma fome de moralidade na terra da abundância onde almas famintas à espreita nas sombras escuras a reinar,
As pessoas enfiam a cabeça na areia procurando objetos brilhantes, diversão, distrações: observando palhaços e o tolo chorar!

As crianças são geniosas, o que me diz o senso comum, é que desaparece desde que começam a receber ensino,
Disciplina cultural, falhas em suas crenças, hábitos, programação; como os adultos, afoga-se em sua baba o menino!
Vivendo em um mundo dividido, espectro de um mundo polarizado, bom ou mau, vencedor ou perdedor, isto é tudo emboscada!
Ainda há muitas coisas boas no mundo: amor, compaixão, unidade, mudança por transformação; esta é a grande possibilidade.

O ditador governa por estratagemas, pompa e show, automática reação,
Não há honra entre ladrões, os ricos e ávidos de poder saqueiam a nação,
A midia é tendenciosa sobre tolices absurdas, histórias enganosas de medo falaz,
O que está a liderar é a nova história que está a sangrar e em breve fugaz.

Pagando altos impostos para militares e forças armadas, assegura seu sacrifício e devoção
Minorias, imigrantes, idosos, mulheres e crianças são demonizados: andam nas pontas dos pés em seu país com atenção

Nenhuma civilização foi abatida por forças externas, somente pela violência e ignorância
Por sua própria destruição interna e intolerância!

Há uma fome de moralidade na terra da abundância onde almas famintas à espreita nas sombras escuras a reinar,
As pessoas enfiam a cabeça na areia procurando objetos brilhantes, diversão, distrações: observando palhaços e o tolo chorar!

15. Imagine

Imagine como olhar a Via Láctea à noite é mágico e maravilhoso
Imagine como os raios de sol acariciam a pele e é tão esplendoroso
Imagine como o toque da água é tão frio e refrescante
Imagine como a terra dá à luz vida tão abundante
Imagine como a mãe do primeiro filho resiste a noites sem dormir tão agradecida
Imagine como o leite da mãe pode ser uma nutriente fonte de vida
Imagine como um bebê recém-nascido dorme a noite cheio de paz
Imagine como um idoso, com dificuldade de andar, porém tão vivaz
Imagine como a chegada de um cão em casa é tão dengosa
Imagine como o nascer de uma flor na natureza é tão vistosa
Imagine como o oceano valioso é tão vasto e tão poderoso
Imagine como o ar que respiramos é tão misericordioso
Imagine como a separação de um ente querido pode ser doloroso
Imagine como um menino correndo atrás da bola pode ser festivo
Imagine como um passarinho alimenta sua prole sem inseto nocivo,
Imagine como nossas ações impensadas podem ser danosas
Imagine como os carneiros se sentem quando cortam suas lanosas
Imaginem como um soldado no campo de batalha tem vida insegura
Imagine como os estudantes suportam da escola primária a tortura
Imagine como um bebê nascido na água, nada como um peixe no oceano
Imagine como se sente o derrotado na arena, o touro ou toureiro desumano?
Imagine como o touro sofredor diante de seu matador se torna vingativo
Imagine como um milenial toma seu celular, faz dele um instrumento ativo

Imagine como encontrar sua paixão inesperadamente faz você agir como um imbecil
Imagine como um adolescente apaixonado chega na ponta dos pés, após uma noite febril
Imagine como um cirurgião após dez horas de operação descobre seu sucesso
Imagine como observar a Via Láctea à noite é tão mágico e tão excelso....

16. Permita-se Ser Conduzido

Solte-se, liberte-se e entregue-se às ondas do oceano,
Permita que a onda o levante e o leve sem esforço sobre-humano.
Solte-se, liberte-se e entregue-se, desligue e abra as comportas para toda emoção,
Permita a simplicidade, a pura beleza, a mágica, com toda sua sublime devoção,

Há um espelho fora de você, mas o que ele reflete é realmente seu influxo,
Como o poderoso oceano sendo levado para cima e para baixo pelo refluxo.
Não há verdade fora disso, somente sua pessoal e tendenciosa percepção,
E quanto mais você procura explicação, mais profunda fica sua autopercepção.

Você canaliza a vida a jusante, ou vai contra a corrente, você acredita?
Tudo depende das ideias, crenças, comportamentos e filosofia que você medita.
O silêncio entre os pensamentos, Presença no presente momento é sustentação,
Vá além de seus cinco sentidos, além da matéria, foco na energia e vibração.

Para as massas lá fora você anda como se fosse um louco ou alienado,
Ir contra a textura da sociedade, faz você parecer um hippie ou descuidado.
Todos os amigos, família, até estranhos o aconselham a ter moderação,
"É o que eu faria, se eu fosse você", eles dizem com emoção.

A midia terá influência sobre você pela manipulação,
O que a vida lhe dará é uma grande exageração.
Muitas pessoas neste mundo viciadas em disfunção, distração, caos e comoção,
Elas aparecem e entram em sua vida e seu intento é confrontação.

Os pensamentos em sua mente irão aprisioná-lo, tal qual uma infestação,
Irão se acumular, condensar, e a frustração levará à uma psicológica repressão!
Você sabe que a vida é desafiadora, comece a tomar conta da vida e a deslanchar,
Aprender algo novo, praticar diariamente, ir fundo dentro de si mesmo e a espichar...

O trabalho duro compensa — você será a melhor versão de si mesmo, você vai saber
Você precisa ser o melhor que puder — no fluxo da vida você deverá se conceber.
Há alguma coisa dentro de você que faz o seu coração bater e respirar — inexplicável — como mágica poção,

Lá no fundo, a verdade é, você parece desamparado, mas na realidade: você é um oceano em ação....
Gradualmente você encontrará um caminho só seu, ciente de que está sendo conduzido,
É como se, o que você deseja, deseja você da mesma forma; o que você persegue com força e temor, faz de você o perseguido.

17. A Jornada da Vida

Você é o único na jornada do herói de mil personalidades,
Você é um herói único que deseja viajar e conhecer mil cidades.
Pegue o touro pelos chifres, convoque sua coragem, tenha desenvoltura,
Muitas pessoas morrem aos vinte anos, são enterradas aos setenta: não levam nada para a sepultura!

A vida favorece o ousado, o criativo, aquele que é um pouco diferente, estranho e extravagante,
O sobrecarregado, o hiperativo, aquele que perdeu os óculos: para quem a vida parece delirante,
Levante-se, acorde e sinta das rosas o perfume,
Troque a cama pelo ar fresco, estenda seu tapete e reveja seu costume.

Comece o seu dia comum sorriso no rosto, com alegria e gratidão,
Você está aqui por causa do amor de alguém e servidão.
Lá no fundo há uma criança que quer brincar,
Se você a ignorar, isso vai impedir você de chegar onde desejar!

Seja feliz sem nenhuma razão, como uma garotinha e sua boneca,
Seja divertido como um garotinho, chutando e jogando uma peteca.
Forças externas, baixa consciência, preconceito, vão tentar derrubá-lo em submissão,
Você tem uma tremenda força interior que pode tolerar e derrotar externa intervenção.

Deixe sua dor e a tristeza se consumirem no fogo ao chão,
Deixe que a sua vida seja simples, humilde, sirva aos outros: reduza a pretensão!

Examine sua vida, agarre ao chão como um arquétipo guerreiro ardente,
Você começará a aguçar seus sentidos, aprimorar o empata, o mago e o vidente.

Siga em sua jornada interior de cura, enfrente suas sombras profundas e paixões,
Você precisa permanecer forte, deixe sua alma matar na masmorra todos dragões.
Deixe a sabedoria dentro de você levá-lo através dos obstáculos da vida, siga a sua própria interna visão.
Este espaço em que você está é um campo de treinamento, para preparar você para seu destino e missão.

Discipline sua vida, cuide do seu corpo, mente e alma: procure a excelência,
Um dos maiores poderes que você não tem usado muito, é a vibração interna e resiliência!
Você só tem um número certo respirações na vida, assegure-se de que cada uma seja notável,
Viva uma vida saudável e maravilhosa, e tenha a certeza de que será memorável!

18. A Longa Viagem

Em nossa viagem para a Terra, cruzamos muitos anos luz, buracos negros, galáxias brilhantes — até a Via Láctea alcançar!
Encontre a pequena pedra azul, mergulhe suavemente, escolha uma mãe e um pai específicos, e com eles escolhamos ficar...

Nossos superpoderes ficaram inúteis, não sabemos por onde começar ou para onde ir?
A vida está na consciência e espaço interior; não na mente pensante e no que você atingir,
Somos teletransportados para esta existência, você vai colher o que sugerir!

O conhecimento está na cabeça, o sentimento no coração.
Eles devem trabalhar juntos em equilíbrio, e não em dissociação!

Na nossa juventude seguimos nossa cultura, tradições, professores, quem nos falasse o que precisávamos saber: uma barra mutante,
No fundo somos o universo ciente de si mesmo disfarçado; poeira estelar que viajou muito, muito distante!
Tomamos nossa história de vida, falamos sobre a tristeza, a glória; os erros que cometemos, os dramas e a comiseração,
No choro do recém-nascido, no riso de uma criança; desperdiçamos nossas forças com o passado, a negatividade, a decepção!

Nos orientamos pelos nossos objetivos, sempre escolhendo entre conceitos e coisas inatingíveis, que são imaginadas e nada existente,
Começamos a pensar o pior de situações e dos outros, que a vida está lá fora para nos apanhar e é simplesmente improcedente!

Mas não se esqueça de que você é feito da poeira das estrelas, luz infinita: presença no momento atual que sempre estará presente...

É a dualidade da vida, tudo tem os seus graus opostos,
Você paga com seu Karma passado; você pode acabar pagando impostos.
Já estamos codificados e carregados antes de chegarmos a este local consciente,
Cheio de excelência, talentos e presentes; precisamos conservar um espaço decente!

Há desconforto quando você está temeroso, ouça as vozes inspiradoras,
Seja bom consigo mesmo, dê a si mesmo permissão para fazer escolhas promissoras!
Envolva-se com pessoas que o apoiam, esteja em uma tribo, uma comunidade,
Fique longe do medo, torne-se sua própria zona de conforto e abuse da dubiedade.

Tome decisões vindas do amor próprio, auto respeito, auto-dignidade,
Cultive seus dons e seus talentos, da mesma forma que você dá a um nenê de comer.
Corra alguns riscos, seja espontâneo, supere as expectativas, porque felicidade não é coisas ter,
Vá além de fazer e acumular bens materiais: é tudo sobre um Estado do Ser!

19. A Estrada Menos Percorrida

O espírito humano anseia por algo mais bonito,
A alma sempre estende a mão para a verdade oculta que se esconde à vista da gente,
O grande e poderoso pode intimidar o fraco, mas não é um ser onipotente!
Nós devemos olhar, aprender, ser curioso sobre nossa história e passado,
Dê espaço para o inexplicável, o mágico e o mistério ousado.
Há aquele impulso inerente para a descoberta, de se conectar em convivência,
Outras pessoas que são como nós, que gostam de nós, e operam na mesma frequência!
Há pessoas magoadas de caráter fraco que magoam outras pessoas: como uma casa sobre um lamaçal,
Viciadas em disfunção, caos e relacionamentos que atrofiam e fogem ao controle banal.
Paz e quietude, relacionamentos saudáveis e bem-estar, eles não têm compreensão!
Muitos são do tipo criativo, artistas, músicos, poetas, dançarinos e alguns em bandas tocam canção.
Alguns pensam que a vida é linear e lógica, pode ser quebrada e consertada aos pedaços,
Eles perdem uma porção de energia vital preciosa, com buracos e tropeços.
Ao invés de Ser, eles tentam descobrir o que é felicidade e bem-aventurança,
Ao fazer isto eles se arrependem do tempo que perderam, sem abraços e temperança,
O caminho para a felicidade é simples, mas precisa escolher o caminho tortuoso,

Cuide-se e ame, faça massagem, cante e dance, tome um banho quente gostoso,
Seja espontâneo e tome a estrada menos percorrida e assim talvez com gozo,
Realizará aquilo a que se propôs, tão intenso quanto o céu azul e o mar poderoso...

20. Natureza e Mistério

Ficamos surpreendidos com o que trazem à luz os seres humanos como uma musa,
A habilidade criativa que muitos possuem fica pelo caminho porque não se usa.
Sua presença é como o néctar para a borboleta, quando você está comigo,
A geometria sagrada da natureza —misteriosa frequência de vibração e som amigo...

Ver você de longe apenas aguça toda e qualquer sensação,
Passar o tempo com você, faz a gente saber que a vida é emoção.
Em forma de água, você aparece em muito belas manifestações,
Em cascatas jorrando — rios rápidos —majestosas montanhas e vulcões!

Muitas antigas e novas civilizações homenageiam você por tornar a vida possível,
Livre vontade e as escolhas de alguns, tornaram a vida neste planeta: horrível!
As pessoas fazem uso indevido, mal entendido e são mal orientadas sobre seu vasto poderio,
Eles são desperdiçadores — tentam saquear — estuprar e destruir todo o seu império,

Você é a força que mantém os planetas e estrelas em uma ordem e movimento específicos,
A beleza da natureza, dos seres sensíveis, montanhas poderosas e oceanos magníficos...
A energia e força por trás de tudo o que há: infinito — sem qualquer história ou cronologia,
A consciência por trás de tudo que alguém pode entender, e o resto é só misteriosa sinergia...

21. Manifestações de Amor e Sonhos

Meu amor por você cruzará montanhas poderosas
Meu amor por você jogará moedas em fontes formosas
Meu amor por você está além de qualquer ancoradouro
Meu amor por você não se pode comparar a nenhum destino ou tesouro
Meu amor por você é sempre tão paciente e generoso
Meu amor por você é como os nove meses uma mãe espera o nascimento gracioso
Meu amor por você pode levar anos luz para alcançar
Meu amor por você deita ovos na areia da praia a esperar
Meu amor por você está além do pensamento, emoções ou credo religioso
Meu amor por você é tão vasto quanto o oceano poderoso
Meu amor por você é mais doce do que o néctar de uma flor
Meu amor por você é infinito, horas após horas de calor
Meu amor por você vai além de plano astral e dimensão
Meu amor por você é como um pagé em transe de adoração
Meu amor por você é simples, humilde e transparente
Meu amor por você é todo difundido e nunca será ausente...
O sonho de viajar para todos os lugares exóticos
O sonho de encontrar rostos belos e simpáticos
O sonho de quebrar regras e pular sobre cercas
O sonho de encontrar alguém especial e ter um romance para mim
O sonho de ver formas únicas e autênticas de dança de festim
O sonho de contribuir para campanhas de caridade que deem resultado
O sonho de ser feliz na vida, para entes queridos de olhar animado
O sonho de animais em abundância, amo vê-los em grandes massas
O sonho de encontros sociais, falar com pessoas novas, brindar com taças

O sonho de lugares distantes, onde a vida se move lenta como melaço
O sonho de crescimento pessoal, assistindo seminários e aulas sem cansaço
O sonho de rotinas de sucesso, em uma base diária
O sonho de tudo limpo e arrumado, em ordem: livrando-se da bagunça desnecessária
O sonho de ser grato, cheio de alegria, sabedor de que a vida abençoa demais
O sonho de testemunhar galáxias gravitando em direção umas das outras como rivais...

22. Nascido Inteiro e Completo

Você nasceu inteiro e completo, mas as condições culturais fizeram de você um carneiro,
A vida passa muito depressa, e você apercebe-se que, no esterco, está inteiro!
Não há visão, rima ou razão,
As pessoas estão grudadas em frente da televisão.
A natureza é destruída devido à ignorância e ambição,
Nós ainda a depreciamos e continuamos a exploração!
As espécies se extinguem, os animais desaparecem e pássaros deixam de cantar,
Educação deficiente, reality shows e fast food agora passam a reinar!
A televisão irá sedimentar sua mente e o álcool vai deixar você anestesiado,
Viver uma boa vida e ser um cidadão responsável no mundo: agora isto parece superado,
A maior porta para as drogas que há é o álcool: disponível livremente em todo lugar; beber muito é o início da confusão!
As pessoas são facilmente manipuladas e treinadas com o sino de Pavlov e apito de cão.
Ouvir, obedecer às autoridades e como um robô executar,
Uma vez que você comece a se rebelar, você está pronto para se desligar e reiniciar!
O excesso de consumo tornou o Ocidente muito afeito à obesidade,
A tendência do futuro é pessoas em todo o mundo se mudando de áreas rurais para a megacidade.
Na medicina Ocidental, prevenir doenças e recuperar as pessoas, não é trabalho deles fazer triagem,
É um sistema comandado para o lucro, onde companhias de seguro extorquem as pessoas por dinheiro: como uma máfia agem!

A sociedade teve você o tempo todo, ela enganou você com uma treta,
Fez você correr atrás de riquezas, como uma cenoura pendurada na sua frente em uma vareta.
São camadas ocultas de pessoas da sociedade que estão no controle, pequenos grupos de pessoas com alguma voz vital,
Eles estão lá, porém invisíveis; tomam tudo para si próprios: eles querem tudo, o total!
Reúnem pessoas à volta deles num conluio imperturbável,
Para justificar seu delírio materialista infindável.
À cada sete a dez anos, há uma recessão e a explosão de uma bolha financeira,
Aqueles bem relacionados, ricos e poderosos tem seu bem estar assegurado pelo governo — e o resto na quebradeira!
Há uma escolha crucial que todos tem que fazer à certa altura de seus poucos anos,
Você vai acordar e viver com consciência, ou vai continuar a viver em estado de hipnose e enganos?
É fácil ser hipnotizado na perseguição de status social, dinheiro ou popularidade,
Ser hipnotizado pelo sucesso de outros ao nosso redor, aplicar seus padrões para nossas vidas, à nossa própria habilidade.
Dizer às pessoas que elas são iguais, que elas podem subir graças à sua própria iniciativa, que elas ganharam emancipação,
Sem necessidades e recursos para prosperar, escolas pobres, vizinhança economicamente desfavorecida: é quase uma escravidão!
Nós estamos hipnotizados pela mídia, encorajados a consumir coisas que não precisamos, por razões que não são nossa função,
Agora é a hora de acordar desta ilusão coletiva que nos rouba energia, poder e causa perturbação,
Capitalismo é um sistema em que há gerações, as pessoas tem sido farsantes,

Baseado em modelos ultrapassados de realidade, promovidos para nos manter ignorantes!
Enormes populações vivendo da exploração, seu psicológico baleado e completamente prejudicado,
Tornou-se um jogo onde o explorador, explora o explorado!
Os recursos são artificialmente empurrados para um punhado em um esquema Ponzi, que segue o código da abundância,
O resto das pessoas é são deixados para se defender em modo de sobrevivência.
A exploração leva à demissão, que leva gradualmente ao encarceramento da população,
Os EUA liderando o gráfico, tendo cerca de dois milhões de pessoas atrás das grades apenas nesta nação!
Há uma trama sinistra nessa loucura, para manter a população oprimida debaixo do polegar, num pandemônio declarado,
Mentalidade de pobreza, escolas ruins, bairros de crimes violentos: tudo isto decidido e planejado!
A maior parte destas forças ocultas é esperta, porém míope; só se importa com ações e dividendos, tudo o mais eles vão desrespeitar,
Uma constatação, é que nós todos somos interconectados pelo mesmo tecido da vida: isso é o que a todos devemos ensinar!

23. Você Precisa Viajar!

Bem, você pensa que sua história de vida é a verdade,
A história de vida dos outros, para você não tem propriedade?
Você se sente jovem e imortal, e pensa tudo é bom e lindo na vida e na memória,
Você espera que todos os patos nadem em fila, e os planetas façam a mesma trajetória?
Perseguindo sombras de ilusão, da concepção até a necrópole,
Você será somente uma peça da engrenagem: escravo da economia da metrópole!
A menos que acorde para a verdade, encontre a coragem e seja bravo,
Ainda há esperança, uma boa chance de você ser salvo
De uma vida de prisão, a parábola da caverna de Platão!
Livre-se de tudo que não serve para você, todo vício e tudo que você deseja então!
Como um menino, para sentir a liberdade, eu empinaria um papagaio,
Teria imaginado vê-lo no céu, um pássaro voando como um raio,
Também saberia que um cachorro que late não morde de soslaio!
Lá longe no campo, sob a brisa fria que soprava sobre os dentes de leão fiz um pedido,
Vi uma águia à distância, mergulhar no rio e capturar um peixe perdido.
Quero passar meu tempo com pessoas que contam segredos, ou ficar na solidão,
Derrotado como um navio que foi atirado no olho do furacão....
A vida tem sido mágica, porque acredito que ser assim deveria!
Venho perseguindo miragens no deserto, sempre em cinesia.
O que você precisa é viajar para longe e toda parte, aprender com toda a gente,

Assim, verá como vivem os outros, irá expandir seu horizonte, abrir sua mente
Viajar lhe custará uma bela quantia,
Vale a pena você gastar todo seu dinheiro um dia.
Você aprenderá tudo o que precisa na vida, saber como sozinho se virar,
Tudo que você precisa fazer é, comprar uma passagem de avião: começar a voar...

24. Poema Místico

Se você ama alguma coisa, deixe-a voar para longe, deixe-a solta,
Se ela voltar para você, é por que o destino quis a sua volta.
Se ela voar para longe e você não de novo não a vir,
No fundo de seu coração você saberá que seu amor não tinha porvir.
O amor é um sentimento inexplicável, puro, inocente, alegre e cuidadoso,
Deixará você corajoso, fará coisas impossíveis, porque é primoroso.
Amor é ver as pessoas onde elas estão, mas olhando para eles onde poderiam estar,
Compaixão é a habilidade de ver coisas na visão dos outros, é a maturidade gozar!
Amor é a energia que faz os planetas juntos um do outro se sustentarem,
É a força que faz todas as partículas atômicas umas pelas outras se atraírem.
Você tem duas escolhas para fazer na vida: escolher entre amor ou medo do nada,
Deixe que o amor seja sua escolha e conduza você como a ponta da lança afiada.
O amor é uma força expansiva, traz crescimento, clareza e criatividade.
O medo é refrativo, traz decadência, estagnação, destruição e inatividade.
Há dois lobos — dentro de você — qual dos dois você quer desfrutar?
A escolha entre o amor ou o medo, depende de que lobo você escolhe alimentar.
Há um campo vibratório que une e conecta todo o acontecimento,

Entendê-lo, é o rito de todos os seres humanos o nascimento.
Há uma centelha do infinito em você presente,
Presença ou o Ego — quem sabe disso é pouca gente.
A coisa mais difícil que parece, para seres humanos especiais,
É criar no corpo e no cérebro, novos hábitos e redes neuronais,
Entre nosso mundo interior e o mundo exterior há uma mística ligação inerente,
Desde os tempos imemoriais, tem feito homens comuns e filósofos pensarem profundamente.
Buddha o chamou — O Caminho do Meio; Lao Tse — o Tao;
Aristóteles o chamou de — O Meio Dourado
Eles subestimaram principalmente o exterior como uma ilusão: o interior é enfatizado.
É uma raiz comum de todas as religiões, caminhos místicos e espiritualidade,
Faz com que uma consciência elevada possa lidar com a matriz da realidade.
O que você está procurando na vida, também é tentar por si mesmo se realizar,
Há um empurrar e puxar na vida que dá a ela sentido e a faz verdade se tornar.
A dor irá impulsionar você, e sua visão o levará para longe um dia,
Abrace ser vulnerável, faça da vida um objeto de dança e melodia.
Sua dor irá impulsionar você, fazer você sentir que não é o seu lugar,
Sua visão, por outro lado; vai puxar você em sua direção e o impulsionar.
A mão do destino que o impulsiona— deseja o melhor para você — quer você bem sucedido
É a sua livre vontade e as escolhas que você faz, que determinam se você vai chegar ao topo ou se será abatido.

Há um poder inerente na vontade, que gosta de se colocar em exposição,
O amor e a alimentação em cada grão de areia... cada folha de grama tem seu próprio papel distinto de atuação.
A sequência de Fibonacci repetida na natureza em exposição por todo o lado para ser aplaudida,
A misteriosa inspiração da beleza e equilíbrio, criada por energias invisíveis, distraída.
A alma hospedada no corpo, Infinito e Eterno: tudo mais é uma ilusão!
Perdurarão para sempre.....e não há nem final ou conclusão..........

25. Procure Mais Fundo para Encontrar

Você está vivendo inteiro e completo, autenticamente com o coração?
Ou está vivendo dentro de sua mente, com ideias, conceitos e sinistra conspiração?
Você permitiu a extinção de sua velha identidade no fogo consciente?
Você extinguiu o ruído de fundo que emana e impregna, na forma de um desejo ardente?

Você esquece que foi moldado de zero aos sete anos e se tornou a pessoa que você aceitou ser,
Você negou, desvalorizou, rejeitou, reprimiu partes de você em troca de amor e aceitação por parte dos cuidadores — pode ver?
Você muitas vezes quis saber porque a vida lhe deu tantos limões e trouxe coisas inesperadas,
Então você pode se mover para a plenitude, expansão e ouvir da alma as autênticas chamadas.

Pare de dançar nas sombras de seu caminho através da vida, com seu histórico as neutralize e deixe-se ser amado,
Mova-se inconscientemente em direção à aceitação, aprovação, segurança; senão, você pode se sentir emocionalmente esgotado.
Deixe o amor a âncora de sua alma ser,
Deixe que a compaixão seja seu objetivo de viver.

Um criador, um artista sem a ajuda dos cinco sentidos tudo alcança,
Ela desenha, pinta, atua em peças, canta, toca música e dança.
Não fique preso ao desespero em vão, em pânico,

Não é sua culpa: o culpado é o seu cérebro esquerdo, linear e lógico.

A vida sobe e desce, mas às vezes que acalmou a gente sente,
Não é o mesmo como quando o coração para de bater, e as pessoas vivem só com a mente?
Você tem milhões de anos de tentativa e erro na evolução e no laboratório da natureza,
Há um poder dentro de você que está em parte adormecido, e ele pode criar sua própria beleza.

Transição para trocar sua pele antiga, o obsoleto, a desordem — o que não é funcional,
Uma atitude de gratidão vai muito longe, para a cura mental, física e emocional...

26. Divagações sobre a Política e a Vida Moderna

A mídia é cheia de distorção, desorientação e desinformação,
Isto deixa as massas perseguindo fantasmas de ilusão, frustração, ansiedade e alucinação.
Filhos de pais ricos crescendo para ser narcisistas, sociopatas ignorantes,
Assumindo o que costumava ser o reino dos sábios e monges praticantes.
O pagé dançando em transe, segurando bonecas de Vudu, uivando como lobos a matar-se,
Fazendo tudo o que pode para deixar as almas da sua comunidade em catarse.
Você não pode viver plenamente se não aceitar e enfrentar a morte!
Com respeito a isso, não estou falando de metanfetamina ou analgésico forte.
Nós olhamos sempre para as pessoas que superam as adversidades,
É um arquétipo profundo no subconsciente, é a Jornada do Herói das cidades,
Este lugar para onde viemos é o local de formação,
Para passar por provações, tribulações, despertar, transcendência e ascensão....
Recompensamos os militares com os nossos impostos, gastamos menos em escolas e educação,
Nós temos poderes de destruição em botões, de tolos autoritários na mão.
Na TV, há muitos especialistas e cabeças falantes – a maioria está fora de alcance,
Aumentam os recursos em direção ao 1%, que ainda pensam que não é grande lance,

A pobreza gera pobreza, e um ciclo vicioso de miséria mantém as massas presas em um labirinto de espelhos e fumaça,
Tudo o que lhes resta é viver com esperança, que um dia ficarão ricos e sairão desta couraça.
Los Angeles, onde eu vivo, segregou geograficamente a cidade em áreas onde a vida é feia, e áreas onde a vida é perfeita,
Geração após geração encurralada, somente superficialmente pode parecer uma cidade bem feita.
Dividida em enclaves étnicos, onde os recursos são escassos — pobreza e extremo desemprego,
Ignorância e pobreza são o pior tipo de violência perpetrado por poucos na maioria sem apego.
Você sabe que o Capitalismo hoje em dia leva a um econômico canibalismo,
Após a produção de fábrica atingir um patamar, não há ninguém para comprar o material barato: por isso, culpe o Socialismo.
Ouvi alguém dizer outro dia, se você está em um buraco, pare de cavar!
Se estiver preso em areia movediça, pare de se mover e comece a flutuar.
Se você perdeu o seu caminho na vida, comece a servir,
Se você foi criado apenas para ver o que irá ganhar— comece a distribuir!

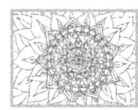

27. Quando Ela Dança

Ela dança como um pássaro voando pelo firmamento,
Um espectro contínuo de coreografia, graça perpétua e deslumbramento!
Um belo mosaico de cores de um caleidoscópio de brilho radiante,
Moldada em uma figura dançante de estatura e escopo impressionante.
Você pode ver o amor irradiando, olhos penetrantes, um abraço no seu rosto,
Nesse mundo ela encontrou o seu destino, seu propósito, seu posto.
O alinhamento com a beleza é associado a vigor e longevidade,
Incorporar a Beleza expressa um poder enorme, uma função da criatividade!
As suas curvas como uma estrada serpenteante, a sua postura instigante,
A beleza e elegância onde quer que ela dance!
Seus movimentos, únicos, tão distintos, extraordinariamente;
As pessoas não podem ajudar, mas param e olham fixamente!
A vida é como a dança; alguém deve seguir e alguém conduzir.
Há momentos para cada um brilhar, para as suas necessidades retribuir.
O líder faz o trabalho pesado, para eles se unirem e agir como se fossem um só ente,
Quando as extremidades soltas são atadas — eles estão em sintonia — ela Dança contente.

28. Homo sapiens

Ei, Homo sapiens, você se esqueceu da realidade?
Porque você se esqueceu do que para você era sempre a verdade?
Há duas forças motrizes que guiam você através da vida: são o amor e medo,
Faça o amor ser sua força maior — focado — como a ponta de um espeto.
Você não veio para dentro deste mundo, você saiu deste mundo, você que se abre,
Parece que você vive principalmente com medo... a vida está brandindo a ponta do sabre.
Sim, você estava temeroso no começo, de animais selvagens, raio e trovão,
Você não aprendeu e evoluiu, neste momento que as coisas estão indo para o porão?
Porque a insensibilidade quanto ao clima, desmatamento, desigualdade e ganância do mundo econômico?
Muitas pessoas iluminadas vieram antes, tentaram colocar você no caminho certo, fizeram você se sentir dinâmico!
Você não está separado de outras formas de vida, mas você se sente especial, de alguma forma,
Volte para os seus sentidos, volte para a verdade — por favor faça disto agora sua norma!
A verdade é simples à vista de todos os seres
Feita de partículas pequenas, que vibram em cores
Vindo através da energia do som e da luz que dança
Não tem que andar sobre a água, que tudo alcança
Basta plantar os dois pés no chão com confiança...

29. Um Pouco Sobre Minha Vida

Eu confiei mais no coração do que na mente, e meu coração nunca me deixou perdido,
A mente pode ser dominante, empurrar o coração e mantê-lo à distância impedido.
Na escola fui muito criativo, matemática era o assunto que eu não suportava,
Caminhava pela vida verdado, muitas vezes por este e aquele caminho tropeçava.
Como um menino, tinha um caminhão de brinquedo que imensa alegria me ofertava,
Todas estas lembranças se desvaneciam, à medida em que um menino de doze anos me tornava.
Sentia-me solitário naquela idade, achava que ninguém me dava atenção,
Estar num colégio interno assim tão jovem, representava em si uma complicação.
Eu via o mundo como um lugar assustador, e à noite me escondia embaixo do cobertor,
Como um jovenzinho, eu era confuso e experiente — tinha muitos amantes com temor.
Os dias passavam em meses, e na faculdade tinha aulas que eram medonhas,
Trabalhei duro para fazer face às despesas, e a vida não se resumia em barganhas.
Nos meus saudosos vinte anos, viajei pelo mundo, o que abriu minha mente,
Aprendi muitas coisas que a escola não pode me ensinar — natureza e contemplação se tornaram meu dirigente...
Há alguma coisa, a crescer, que eu queria ser em algum momento,
Um soldado da fortuna, um viajante do destino ... um observador ansioso dos acontecimentos.

Eu queria conversar com pessoas que sabem e revelam segredos, ou estar só e são,
Como um navio à deriva, que foi jogado no olho do furacão.
A vida tem sido mágica, porque eu acredito e assim me contento,
Persegui miragens no deserto, estive constantemente em movimento.
A vida pode ser um campo minado, como correr para um prédio incendiado,
Um ouvinte que não me julgue, um amigo próximo é o que mais tenho almejado.
Estar imerso e completamente hipnotizado pela cultura do jogo,
Os anos se passaram, e eu sinto que acabei como um abutre no fogo.
Eu costumava passar pela hora do rush para fazer dessa minha hora feliz,
Para me entorpecer de um trabalho chato, foi assim que eu entreguei minha força motriz.
Tentei ganhar dinheiro, ser bem sucedido para impressionar pessoas que não chego a amar,
Queria ser visto em um carro luxuoso, e não em uma bicicleta de rua vulgar!
Trabalhei sem parar, dei o sangue, suor, labuta e lágrimas; até aos meus olhos, desde o início,
A bola de metal atada ao tornozelo como um escravo — até que a morte nos separe a princípio.
Algum tempo atrás eu passei sete meses fora em um período sabático,
Foi um tempo maravilhoso, e foi muito mágico.
Agora, eu me transformei e evolui para um nômade digital,
A vida é boa, fiquei feliz em fazer isso, me sinto um ser especial.
Isto me abriu novos horizontes e dimensões, me fez abrir os olhos da alma sofrida,

Pude ver através de toda a fumaça e espelhos, toda ilusão e mentira embutida.
Eu vi como fui cheio de auto diálogo negativo, tal como os espiões internos reservados,
Isto se tornou cristal claro, me fez pensar, eram aspectos de mim despachados,
Se, por sorte, faço bem, a cultura está programada para me fazer ter a síndrome do impostor,
E quando eu sinto que não mereço — me escondo no estúdio de Yoga cantando o Amor..

30. Seja Bom

Para todos os seres sensíveis que vivem, tenha bondade,
Sinta isso em seu coração, não só como um conceito e vontade.
Dê aos inocentes, àqueles que não tem voz, as crianças, animais e natureza,
Isto irá fazer você se sentir grande, aumentará de sua alma a grandeza!
Você pode pensar, dar alguns dólares, na atual circunstância, não trará modificação,
Dar, contribuir, abrirá seu coração e trará à sua alma distinção....
Dar alguns dólares, na atual conjuntura não irá levar você à falência,
Dará um novo significado à sua vida, colocará combustível em sua existência!
Sei que serão bem poucos aqueles que contribuirão com boa vontade,
Seu copo está cheio, você vive na abundância, e Deus vai abençoar você na eternidade!

31. Seu Espaço Silencioso

Deixe seus temores, lágrimas, serem seu professor; tornarão você um guerreiro, vão deixá- o forte!
Preocupações passadas, armadilhas de arrependimento — tudo isso desaparecerá com sorte...
Solta o seu ego, o eu inventado, e toda a sua temeridade,
Convide a parte de você para brilhar, que é sábia apesar de sua idade.

Deixe suas vulnerabilidades se tornarem seu superpoder,
Deixe a culpa, a vergonha e o remorso, irem para o ralo depois do amanhecer...
Elevando seu conhecimento e consciência à mais alta frequência do amor,
Cada cultura o expressa em estórias, sonhos, arquétipos: vem de algum lugar superior.

Acerte o interior, que o exterior o seguirá também,
A frase: "Felicidade é um trabalho interior", é sábia, dela não faça desdém.
No reino quântico — o reino da imaginação é real,
A consciência é a base, é o fundamento essencial...

Os eruditos e o sábio do mundo do passado,
Podiam alterar o sofrimento da vida, como chumbo em ouro transformado.
A capacidade de responder a partir de uma profunda interna visão,
Não ser reativo a partir de uma traumática e falsa percepção.

A linguagem que você usa, é como seu software operacional, define sua realidade,
Que, por sua vez, em última análise desenha o seu destino, seus valores e moralidade.

Às vezes sendo violada, é o que constrói a dignidade da gente,
O mundo é o palco de um teatro, e você está nele como um figurante.

Um espelho reflete, não julga, não condena ou faz reclamação,
É o ego, o pequeno eu...que quer estar em culpa e negação.
Jogar o mesmo jogo com a mesma bola, ninguém deseja
Como você aborda a vida será diferente, um tamanho a todos não enseja.

Simplifique, reduza, racionalize, minimize, livre-se do lixo e da desordem,
Sua vida ficará mais satisfatória e sua conta bancária ficará em ordem.
É o valor que você traz ao mundo, através dos relacionamentos, ao mercado vigoroso,
O que você ama, chega-lhe facilmente, você é favorecido; vem da Presença, seu Espaço Silencioso...
Lembre-se sempre de que aquilo que você ama, é aquilo a que você dá poder,
O que você empodera, você experimenta e atrai, agora: na mesma hora vai ser.

Deixe entrar no seu Ser, o bem, a beleza e a perfeição!
Deixe-se crescer a partir do interior, para dar seu quinhão...
Não tenha medo de envelhecer, seja feliz com a idade que tem, seja esperto,
Pense que você está entre os abençoados, muitos não chegam nem perto!

32. Ode à Gaia

Anseio fundir-me com a deusa, e dançar a essência
Voar para além dos planos astrais, dimensões, transcendência
Sua presença faz as bestas selvagens perderem sua dominância e arrogância
Onde a força criativa demostra seu poder e inocência
Erupções de vulcões, olho de furacões, energia do oceano
Borboletas e abelhas, flores e néctar...interagem como um romance suburbano
A beleza é intensa, e é preciso dar uma olhada passageira
Mergulhando no êxtase e felicidade...é preciso correr na dianteira
Para trazer de volta a Musa, restaurando a natural existência
Anseio fundir-me com a deusa, e dançar a essência....

33. Consciência Quântica

A realidade tem sido distorcida pela hiper normalização do bizarro e do esquisito,
O senso comum está extinto, a Regra de Ouro impugnada...empatia e cooperação desapareceram do infinito.
As pessoas estão focadas na NASDAQ, índice de ações e política em toda idade,
Minha mente está viajando no tempo, em homenagem à Ishtar, deusa do sexo e da fertilidade.
A maioria está programada para dissonância cognitiva, e vive suas vidas em silencioso desespero,
Vivendo vidas falsas e a vida dos outros, é como cometer suicídio gradual em destempero.
Trabalhadores escravizados à distância, de volta ao moinho, com salários inalterados em décadas em comparação à inflação,
Os ricos acumulam o seu dinheiro em paraísos fiscais offshore, e só o gastam em impulsos de econômica masturbação.
Muitas pessoas são programadas para seguir as tradições, tem bebês, trabalham e pagam sua despesa,
Para em troca ganhar a vida; elas dão sua energia da força vital, tempo e destreza.
Eu entendo que vim para este planeta para estar em férias de preferência,
Ao invés de ser arrastado ano após ano sob tortura, para despertar uma tendência.
Controlado sistematicamente do nascimento até a morte, de forma tão subliminar que você não se dá conta do acontecido,
Despertar para este mecanismo de controle, viver na luz, para um ser humano é o desafio mais dolorido.
A publicidade muda o seu comportamento, manipula através das imagens e sons sua mente,

Criando auto encarceramento voluntário, com as mãos atrás das costas: atadas firmemente.
A mídia da esquerda ou da direita aterrorizam-no para ter medo e permanecer aturdido,
Ser um escravo assalariado, calar-se e ficar endividado por um sistema obscuro; beber uma cerveja gelada e ser entretido.
Você viverá em seu ambiente e estará acomodado, hipnotizado e alienado ao mesmo tempo,
Viciado no materialismo, competindo com os iguais por migalhas, o tempo voa como vento.
A manipulação advém de todo lado, como educação, religião e tradição,
Despertar para isso é muito difícil, quer-se permanecer leal à perpétua doutrinação.
Não ter uma visão clara, uma direção na vida...uma vida sem reflexão não vale a pena gozar,
Os poderes constituídos, têm você em servidão por dívida – drenando a sua energia para dar!
Você tem a oportunidade de aprender com as lições da vida, ou elas são bençãos simplesmente,
O ego se disfarçará de virtude — irá mantê-lo no status quo — longe das explorações somente.
Tentar se encaixar num molde construído pelas expectativas de outras pessoas, causa desapontamento, apenas uma esperança nos deixa,
Tomar comprimidos para entorpecer a dor, medicar-se com álcool ou drogas — sem nenhuma queixa.
O sistema é manipulado de todas as maneiras em favor dos poderosos, dos abastados, daqueles que a nomes famosos se conectam,
A Democracia é subvertida, os políticos tem dívida com a pequena minoria que os apoia com enormes subornos e seu jogo exercitam...

O resto da população é comprada com cercas brancas, bilhetes de loteria, o sonho americano e contos de fadas e mitos,
Ignorância desenfreada, sistemas de educação destruídos, manipulados para votar contra seus próprios interesses: vai fazer você dar gritos!
Para encontrar soluções, seja um detetive, vá ao fundo da Árvore da Vida e cheque as raízes,
Os chamados peritos estão fragmentados, alguns dementes e só colocam um band-aid temporário nas cicatrizes.
O véu da ilusão precisa de ser desmascarado e levantado,
A Liberdade vem de diferentes formas, e o livre arbítrio deve ser emancipado.
Tudo é Consciência, e a Consciência é a integralidade,
O foco e a ênfase estão no Ser...não no fazer ou ter de verdade.
É tudo holográfico e geométrico, o todo, pequenas partes representam,
Você, o observador, determina o resultado – é assim que da toca do coelho se libertam...
A realidade é aquilo eu você concebe em sua mente, é aquilo em que você acredita,
Ideias de outras pessoas, opiniões e crenças podem encontrar um lar em sua mente, sobre elas você medita.
Você tem que silenciar os ruídos altos, as vozes condicionadas da mente,
Permitindo e abraçando a visão interior, ela sempre está lá: mesmo quando alguém é indiferente.
Você é o observador, criador de sua própria realidade, não os pensamentos, não seu corpo, nesta hora,
Eles são veículos temporários para usar, e em breve todos eles irão embora...
Como se sai de Maya, a escura matriz?
Uma alternativa seria ser de Mecânica Quântica aprendiz.

Servir aos outros, a coisa mais importante; não somente "o que tem para mim?"
Ser, não só fazer e ter — é onde o foco e o fluxo da energia devem ter seu fim.
Consciência disfarçada através de você, como você, em espaço e tempo real vai crescer,
Você aumenta, sensibiliza sua consciência e começa a ascender.
O tempo é passageiro, como a areia soprada para longe pelos ventos mistos,
Eu ouço a Liberdade — o som da natureza — os gansos ariscos...
O quebra-cabeças da vida, peças bem afinadas, tão bem juntas se encaixam,
O desígnio divino trabalhando em cooperação com tudo o mais, em equilíbrio se balançam.
Na ordem superior da vida, há uma inteligência inata subjacente...uma energia, uma força diferente,
Que nos traz motivação, direção na vida e nos empurra a seguir o nosso próprio curso corrente...

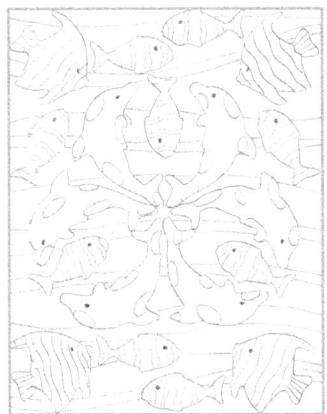

34. Olá, Viajante

Olá, companheiro viajante, sei que você está muito abatido,
Você trabalhou tão duro por muitos anos, ainda assim você foi demitido?
A companhia fechou o negócio e mudou-se para um país do terceiro mundo sem nome,
Onde as pessoas não tem as necessidades básicas, trabalham o dia todo por centavos, por que tem fome.
Você comprou uma casinha com cercas de estacas e mudou-se com os filhos e a cara-metade,
A hipoteca está pairando sobre sua cabeça como um laço, você sente que a empresa fez jogo sujo com sua idade?
Porque o tratam como um mendigo em desespero sem opção?
Porque é que o tratam como alguém indigno, sem reivindicação?
Não acabou de correr tanto, estando como ratos a correr?
Você não terminou, tentando superar seus colegas de trabalho, para o ritmo manter?
Não acabaram as doutrinas e sentimentos de medo, vergonha e desgraça?
Ainda não acabou de tentar manter a sua cabeça acima da água e salvar a carapaça?
Você não acabou de acreditar em todas as coisas com as quais você cresceu, que não são verdade?
Você não está farto de ser codependente das pessoas, de se colar a elas sem efetividade?
Você não está cansado de se sentir triste, deprimido, sombrio, à mercê?
Você não está cansado de se preocupar com o que os outros pensam de você?
Você ainda não sentiu, não importa como você esteja, simplesmente não é suficiente?

Você ainda não sentiu que não importa quem você enfrenta, ainda não é resistente?
Ainda não acabou de repetir a sua história de vida como um disco vezes sem conta riscado?
Não está acabou de interpretar o pequeno papel em sua própria série de drama de vida: o detective disfarçado?
Você ainda não percebeu?

35. Jane Doe

Quando ela nasceu, seu rosto brilhava como mil estrelas reluzentes,
Alguns anos depois, ela estava cheia de dúvidas, traumas, cicatrizes e feridas latentes.
Ela nasceu na humildade, mas cresceu para ser uma guerreira formosa,
Ela era cheia de energia, ciente de sua própria verdade ...uma mulher por demais espirituosa.
Ela tinha o espírito aguçado, mais sábia do que sua idade, não seguia sistema nem leis,
Ela seguiu seu próprio caminho na vida e seguiu não príncipes nem reis.
Seu comportamento era como um elixir — uma poção mágica, misteriosa e potente,
Sua beleza e carisma eram como os raios do sol, as ondas do oceano surpreendente...
Uma sensação subjetiva de câmera lenta, graça e beleza sem par,
O tempo parecia parar...havia um silencio interno...apesar dos ruídos do mundo que ela iria se deparar.
Ela tinha esquecido, ela é ela é única com chuva, tempestade ou trovão,
O seu ambiente fê-la sentir com as cheias, a seca, a fome: coisas que se vão.
Ela esqueceu, era do elenco para desempenhar num jogo holográfico-simulado um personagem,
Que ela escolheu seus pais, irmãos, local de nascimento e seu nome de linhagem.
Chegou o dia em que ela despertou e soube quem ela era realmente,
Ela olhou para a Via Láctea e agradeceu às estrelas infinitamente...

36. Espere o Inesperado

A verdade vai libertar você — mas, antes de você acordar, a verdade é um alvo sem medo,
Você precisa ser curioso, se abrir e convidá-la a se abrir e revelar seu segredo.
É contra intuitiva, uma vez que sua intuição foi compromissada pelo seu modo de vida moderno desde o nascimento,
A atenção plena, meditação e manifestação tem sido substituídas pela lógica e chutadas ao relento.
Algumas pessoas se tornam invisíveis, voltadas para o futuro, uma concha de si mesmos: tornam-se fantasmas na cidade,
O prazer da vida amortecido — sorrisos se transformaram em carrancas — perderam a paixão e humanidade.
Eu não me dou bem com pessoas com pessoas que estão sempre perseguindo metas, que vivem a vida como se fosse uma guerra,
Nunca estão contentes com aquilo que elas têm, seu lema é mais alto, maior e nunca encerra...
Estão sempre correndo atrás das coisas, tentando diminuir a lacuna de realização,
Eles estão muito ocupados para cheirar as rosas, para fazer amor...sem tempo para dormir um tempão.
Você faz o ego ficar mais forte, arranja mais concorrentes,
A consciência coletiva se move entre opostas correntes,
Quando você se descupa, libera sua própria energia de uma teia de autopunição e violência,
Você se liberta do jogo do seu ego de auto sabotagem e dominância.
Você se liberta de uma energia que o tem em um vício,
Até que ela seja abraçada e liberada — isso não é seu compromisso!
Você sabe que a vida quer se exibir, colocar você em exibição,

Quer sair e se divertir, dar muitas risadas e fazer reinação...
Como a vida está tratando você, seus medos e inseguranças estão arrastando-o para baixo?
Ou você está feliz e se divertindo, pulando de alegria como um palhaço?
Torne a sua vida bela, como uma obra prima da arte,
Tenha visão, direção, então não se sentirá à parte...
Depressão deixa sua alma seca, deixa você apenas com a sua casca superficial,
Você estará arrastando-se pela vida, as coisas vão funcionar muito mal.
A vida não é se resume em preto e branco – há uma centena de sombras de cinza no meio,
Dê espaço para o inesperado, versões matizadas de desejos e receio.
Sua visão será sua força, o empurrará para a frente, fará você ver a grande exposição,
Você não está na vida como em um ensaio geral – mas em um filme de alta produção...
A maré irá levar todos os barcos, assim como o seu bote,
Se tiver um buraco no seu — ele vai afundar e não flutuar sem sorte!
As cinco pessoas que o rodeiam... é culpa ou fama por associação,
Estas pessoas vão elevar você ao nível de consciência delas, vão tornar sua vida doce ou causar decepção.
Seu caráter e personalidade mudam com o tempo, crie sua realidade pessoal,
Quantas e quão rápido você toma decisões — irá contribuir para seu carisma e intensidade total.
Sua paixão é toda sua, é tudo o que você sente atração,
Seu propósito é doar todos os seus dotes para o mundo, incendiar sua paixão...

Você é uma usina de energia, um gerador de energia com alta voltagem,
Vá até o fim, não caia do penhasco: mas vá até a margem.
Sucesso, não significa excesso — vivendo cada vez mais prodigamente,
Querendo e obtendo cada vez mais, vai entorpecer e sedá-lo até a mente.
Quem e o que você permite em sua bolha pessoal sem preocupação,
Pode trazer à sua vida um drama, escombros de mau presságio, problema e aflição.
O que você está fazendo, procurando fantasmas na neblina espalhada?
Você vai encontrar muitos obstáculos, sua vontade de fazer ação positiva será zerada...
Viva a sua vida, sua prece já foi atendida,
Como se o próprio futuro já tivesse chegado em sua vida.
Imagine uma vida que faz você feliz, realizado e faz você prosperar,
Assegure-se que seus sonhos sejam grandes: não precisa economizar!
Lembre-se, o tempo é limitado — e por quanto tempo aqueles que você conhece vivos estarão...
Existe aquela qualidade única em você, quando expressa vai salvar sua vida sem questão,
Os talentos que você tem, se forem negligenciados ou esquecidos; vão começar a destruí-lo, como a lâmina de um facão.
Você ainda pode se deixar levar pela fala de outra pessoa, o que lhe causará dor e sofrimento,
Ou você é levado suavemente pela sua própria visão interna, mesmo contra seu intento.
Sua energia será canalizada, laser focado como a ponta de uma arma esfuziante,
Guiará e o levará para seus desejos centrais — que você previu para um amanhã distante.

Seja contra as convenções, crenças ultrapassadas, torne-se mais avançado,
Competente conscientemente dos seus valores percebidos no fundo do coração: saiba o que você realmente quer a seu lado.
Torne-se uma pessoa altamente valiosa: o líder Alfa da sua gente,
Os recursos serão mais fáceis para você, um pedaço de torta para comer contente.
Deixe seu eu futuro liderar o seu caminho...imagine como você estará em um mês,
Pratique todas as ações necessárias que você colocou no calendário e seja cortês!
Cada um de nós tem suas histórias e pessoais de falta e limitação,
Elas criam barreiras à nossa frente e nos limitam a completa auto expressão.
Você não escolhe os milagres, os milagres escolhem você, independe da vontade,
Quando você estiver aberto e receptivo, você saberá que esta é a verdade!
Ter medo de coisas que você não entende, é para a mente traição,
Trancado dentro de si mesmo, joga as chaves fora: sentado em sua quadrada prisão.
O que você aprecia, multiplica muitas vezes e em retorno o apreciará,
Uma atitude de gratidão se faltar, você perde: mesmo o que você tem, tudo se partirá e se queimará.....

37. O que você diz para Si Mesmo?

O que você diz para si mesmo quando está só e ninguém está olhando?
O que você diz para si mesmo quando olha no espelho e alma murcha é o que você está vislumbrando?
O que você diz para si mesmo quando o trabalho que você tem é enfadonho e cheio de rotinas horrorosas?
O que você diz para si mesmo quando você é jovem e vê que as pessoas são ricas e famosas?
O que você diz para si mesmo quando a mídia está cercando você com mentiras exageradas e negatividade?
O que você diz para si mesmo quando você quer se conectar com pessoas boas e levar uma vida de prosperidade?
O que você diz para si mesmo quando percebe que o coletivo perdeu sua visão?
O que você diz para si mesmo quando a matança de pessoas inocentes em terras longínquas é uma estratégia e de defesa a missão?
O que você diz para si mesmo quando a feminilidade é pisoteada, quarentinada e prolifera a masculinidade?
O que você diz para si mesmo quando os seres humanos são chamados de ilegais, a fraqueza em sociedade é demonizada e erguem muros na cidade?
O que você diz para si mesmo quando você percebe que o mundo autoritário está ficando?
O que você diz para si mesmo quando bigodes e nazistas saem das sombras e coisas arianas ficam vomitando?
O que você diz para si mesmo quando fica no internato por nove anos e se sente a reclusão?
O que você diz para si mesmo quando permanece por muitos anos em relacionamentos fracassados, e luta pelo desenvolvimento pessoal para ficar são?

O que você diz para si mesmo quando tem vinte anos e viaja para terras remotas?
O que você diz para si mesmo quando as pessoas veem que você tem cabelo comprido, e assumem que você vende drogas e toca guitarra em bandas exóticas?
O que é que você diz para si mesmo quando tem 30 anos e sente que tem pouca sorte e que a vida não é bela?
O que você diz para si mesmo quando sua família pensa que você é muito ocupado e não se preocupa com ela?
O que você diz para si mesmo quando finalmente finaliza seu curso universitário e pega seu certificado?
O que você diz para si mesmo quando você ensina arte em escolas públicas por dez anos e o stress deixa você bombardeado?
O que você diz para si mesmo quando vai contra as normas da sociedade e está feliz em solteiro continuar?
O que você diz para si mesmo quando sabe que é introvertido e não alguém para conversa fiada em festas, nem tem tanta vontade de socializar?
O que você diz para si mesmo quando fala para os jovens e conta-lhes que tipo de mundo conturbado será seu testamento?
O que você diz para você mesmo quando perguntam se as oportunidades no futuro serão assumidas pela IA, ou ainda serão baseadas em merecimento?
O que você diz para si mesmo quando sobe em uma montanha e grita, e tudo que você ouve é seu eco e som?
O que você diz para si mesmo quando há degradação do clima, extinção de animais e o meio ambiente é destruído e queimado até o chão?
O que você diz para si mesmo quando você só consegue se sentir empoderado uma vez a cada quatro anos quando tem chance de votar?
O que você diz para si mesmo quando os políticos e o governo insultam a sua inteligência e como um bode passam a lhe tratar?

O que você diz para si mesmo quando você está se esforçando, tenta fazer o melhor, mas ainda sente a falta de atrativo?
O que você diz para si mesmo quando sente sua energia ser drenada por tolices, dramas, e você ainda pelo ego é conduzido?
O que você diz para si mesmo quando você observa nações, etnias, religiões e grupos marginais pertencentes a campos diferentes?
O que você diz para si mesmo quando você vê pessoas que trabalham duro ser sacrificadas como cordeiros e não como gente?
O que você diz para si mesmo quando percebe que não há um passado real ou futuro a descobrir?
O que você diz para si mesmo quando tudo o que você precisa no presente momento é a é a criatividade que você quer nutrir?
O que você diz para si mesmo quando à noite das estrelas nas galáxias se torna observador?
O que você diz para si mesmo quando você observa uma coruja voar em pleno silêncio e durante o voo pegar um roedor?
O que você diz para si mesmo quando abelhas estão morrendo em massa e nós não podemos obter de seu doce mel o suficiente?
O que você diz para si mesmo quando ao crescer, você é doutrinado para perseguir
poder, status e dinheiro corrente?
O que você diz para si mesmo quando se sente rodeado pelo caos, fofocas e arrependimento?
O que você diz para si mesmo quando você cresceu em terras distantes...rodeado por intimidações, abuso verbal e físico e constrangimento?
O que você diz para si mesmo se quando você nasceu, você tinha uma família estabelecida, um sobrenome e o ambiente ideal?
O que você diz para si mesmo quando chega aos cinquenta e percebe que tudo é somente um jogo holográfico e virtual?
O que você diz a você mesmo quando seu maior propósito na vida é somente ser você mesmo e se libertar?

O que você diz para si mesmo quando tudo que você deseja é ser a melhor versão de si mesmo, dividir seus dons com o mundo e seu destino tomar?.......

38. Destrua a Ilusão e Acabe com Isso!

Hoje em dia, em volta do eu, eu, eu as culturas giram!
As pessoas procuram a fama e status com personalidades falsas,
fazem tudo para chamar a atenção e na TV se atiram.
Observe, muita gente querendo parecer bem, saudável e em forma,
Perseguem a fonte da juventude, mas a muito poucos ela transforma.

Toda atenção e foco estão na superfície, tudo parece ser para fora projetado,
Muitas mulheres com seios falsos, lábios estufados, com botox injetado...
Beleza feita refém, subjugada ao preconceito,
A estética dando lugar à "a forma segue a função": que é malfeito!

Há muitas narrativas lá fora no cenário cultural moderno,
As máscaras diárias de alguém desgastadas, alienadas, a pessoa à procura de escapar do materialismo eterno.
Onde a paz é sacrificada em nome da nacionalidade e patriotismo,
O pensamento racional e frio dando lugar à mentalidade de multidão e tribalismo!

Tudo está em liquidação, até a dignidade, a alma, seus corpos em zumbis se transformam.
Onde a clareza de propósito, a visão interior, senso comum desapareceram...os olhos não vislumbram.
Trabalhar dia e noite, tudo apenas para fazer face às despesas, se tornou nossa sorte,
Em um mundo dividido, há pessoas que admiramos, como Ghandi e Martin Luther King, famosos depois da morte.

Perseguindo fantasmas no espelho retrovisor, imaginando que um dia conseguirá realizar este compromisso,

Os anos vão passando, mas tudo é fumaça e espelhos: tente destruir a ilusão e acabe com isso!
Destrua a ilusão e acabe com isso! Destrua a ilusão e acabe com isso!

39. Seja um Empreendedor

Crie sua própria economia, seu próprio negócio, torne-se um Empreendedor,
Se você vender suas horas, habilidades e tempo por dinheiro — você viverá sua vida no estrume sem esplendor!
Seus investimentos devem valorizar e dividendos enquanto você dorme render,
Seu dinheiro suado deve se acumular com o tempo — e não para o Tio Sam – os lucros que você deve manter.
O que as pessoas realmente querem é lutar por um interior profundo — estado de Totalidade e Ser,
Pode ser paz, alegria, amor, liberdade, realização...nada tem a ver com fazer ou ter!
Muitos Empreendedores focam no aprendizado e colocam para trabalhar a última tecnologia,
O que eles deveriam focar, ao contrário, é aprender tanto quanto possível sobre a humana psicologia.
A tecnologia vai continuar a mudar com o tempo; o que você sabe, vai ajudar neste instante,
A evolução é um processo muito vagaroso; a psicologia humana permanece a mesma e é constante.
Você precisa se tornar um Alquimista moderno, transformar chumbo em ouro, o invisível em visível,
Trabalhe sua mágica com comprometimento e consistência, mostre ao mundo que é possível.
Chegará um tempo em que seu negócio, inspirado em um estado de relaxamento e diversão,
As pessoas vão amar o que você oferecer a elas, depositarão um tesouro a seus pés e o que você pedir pagarão.
Além disso, existem crenças universais, específicas para certas culturas e normas,
Elas atuam como um como um acordo maior para a realidade, onde a cessam as possibilidades e as decepções tomam formas.

Você quer ver a mudança e trabalha com seus problemas, mas eles estão sempre intactos, uma vez que são tribais por essência,
Quebrar estes paradigmas seria sair da mentalidade empacotada, arriscar rejeição e prejudicar a sua sobrevivência!
Crenças universais estão arraigadas e mágicas e hipnóticos feitiços se descortinam,
São muito profundas na mente e como assobios de Pavlov e sinos funcionam.
Um dos hipnóticos feitiços é que estamos separados do nosso bem; devemos consegui-lo, alcançá-lo ou atraí-lo: atrevo-me a dizer,
Esta é uma grande mentira que impede muitos de ter a capacidade de alcançar a abundância, uma maneira sustentável de obter.
Outro hipnótico feitiço é que dinheiro e coisas boas são riqueza — o que simplesmente não é real!
O que a maior parte das pessoas corre atrás não é o que eles realmente desejam, torna a vida azeda e faz mal.
Sorte e sincronicidade são os efeitos secundários positivos que estão a ser sintonizados na sua energia,
Quem você é, o que você faz, o que você tem, tudo está alinhado e em sinergia.
Na região cinza é onde você encontra a complexidade, a humanidade, onde a verdade encontra consigo,
Se sua visão não o impulsiona, então a vida lhe causará dor, mas lhe dará abrigo.
Você precisa ser observador e encontrar: qual é seu ponto cego?
Seja cem por cento responsável por você mesmo; tudo é culpa do seu ego!
O efeito que você produz em outras pessoas, é sua moeda mais valiosa para agir,
Se você não está sendo impulsionado por uma visão interior, perceba que você tem olhos, mas não pode distinguir!

Quando você ama o que faz, a vida ter mais significado faz parecer,
A própria ideia de trabalho desaparece, e você tem belas experiencias a vencer!
O trabalho se parece mais com um grande desafio, digamos, ou um jogo com que você está se distraindo,
Sempre procure trabalhar com aquilo que você ama e mova-se para o trabalho em que assim está se sentindo.
Não faz sentido passar a maior parte de suas horas no trabalho para ganhar o seu pão,
Assim, podemos continuar a vida, passando a maior parte de nossas horas úteis no trabalho e perpetuar a escravidão.
Deixe de ter uma mentalidade de empregado, de labutar cinco dias por semana, das nove às cinco horas no trabalho sem se desenvolver,
Isto faz de muitas pessoas um escravo de suas circunstâncias, em modo sobrevivência, esquecendo-se de como se pode crescer.
Quão forte você é depende de depende do seu elo mais fraco na cadeia,
O conhecimento e a sabedoria que você persegue – você investe- isso é o que você realmente ganha dessa teia.
Não se pode gerir esta realidade temporal e espacial, que não se pode medir,
Isto o fará saber quando estiver perto de seu tesouro descobrir,
Como se comunicar é a chave e a mágica que você criar,
A solução é mais valiosa do que os dólares que você está a cobrar e a ganhar.
Você vai vender um resultado, não trocar seu tempo ou habilidades,
Você está lá para atender aos desejos mais prementes de seus clientes, não só para pagar suas necessidades!
Pare de vender informação, e comece a vender transformação,

Seus clientes e pessoas que você serve, estão pedindo por mudanças e por valores de orientada solução.
Você precisa ser capaz de resolver grandes problemas, será então você, que os irá mover,
A intimidade bate a autoridade, saber e não fazer não é saber.
Quando você cobra mais, você atrai os clientes certos, sua própria tribo você começa a construir,
Eles já gostam e confiam em você, não precisam de suborno e querem você seguir.
Um campeão na arte de viver, não faz distinção entre trabalho ou diversão,
Seu foco chegou para ficar, não faz diferença entre trabalho e lazer, educação e recreação.
Simplesmente persiga a visão da excelência em qualquer coisa que estiver produzindo,
Para os outros, você se mostra relaxado e satisfeito: deixe para eles determinarem se você está trabalhando ou se divertindo?

40. Mundo Fictício

Nós vivemos em um mundo fictício, feito de mitos, lendas, narrativas e histórias,
Procurando a luz no feminino; o masculino persegue objetivos, realizações e glórias.
A energia masculina procura validar através da solução,
A energia feminina procura se conectar através da expressão,
Vivemos em um sistema educacional: linear, fragmentado, alienante, lógico...para criar relógios mecânicos sem vidas.
As pessoas vulneráveis que vivem em projetos, casas de baixo-custo, tijolo sobre tijolo construídas!
As minorias e as assim por nós chamadas "pessoas desqualificadas", são marginalizadas:
atrás das grades e fechaduras mantidas...

O culto da personalidade, falsos líderes, comentaristas, como um charlatão,
Eles nos conduzem para o abismo, em frente ao microfone, horas de tempo perdido em vão.
Pensamento mágico ou dura realidade?
Não deveria haver dois campos, ciência e espiritualidade.
Uma aproximação holística é vital...eles devem ser reunidos, é importante,
Faça uma ponte entre eles, e então para todos, isso começará a ter importância.

O trabalho da mídia é doutrinar, injetar medo — um mecanismo de controle: assassino da consciência!
Talvez a vida o tenha lembrado quando era jovem, como se fosse um filme psicológico?
A mídia não é uma entidade, partilhando informação e análise imparcial,

Ao contrário, eles querem influenciar e controlar, eles causam paralisia mental.
Desperdiçar tempo em frente às telas deixa sua alma infeliz,
É o provérbio de usar a cenoura como chamariz!

Prosperidade financeira e uma bela vida queremos viver,
São objetivos que em cooperação todos nós podemos obter.
Corra riscos, cometa erros, supere as expectativas, seja flexível e ágil,
Desentoxique-se, organize-se, livre-se das distrações e torne tudo mais fácil.
As expectativas são a raiz de todo desapontamento,
Amor incondicional é a chave para sua saúde, a realização da sua vida e seu provento ....
A complexibilidade vai impedi-lo de agir; ela cria resistência à execução,
Às vezes a confusão que você deixou para trás se torna o seu recado, e seu recado se torna sua salvação!
Sua personalidade reflete sua pessoa na realidade,

Não se consegue o que se quer, obtém-se igual a quem se é de verdade.
Deixe a inspiração guiar e mover você, e ser a resposta à sua necessidade,
A autodúvida e a auto sabotagem terão sempre uma grande penalidade.
Crie espaço em sua vida para uma paixão secreta...a magia do inesperado,
Simplifique sua vida – racionalize as coisas a partir do complexo e do sofisticado.
Dependendo e sua idade, você já alcançou algum tipo de maturidade emocional?
Ou está preso numa carreira que é segura, que assegura a sua sobrevivência, que lhe proporciona a segurança ideal?

Gere impulso, vá lá, coloque em prática: mesmo que você não tenha ideia formada,
Alguma coisa interessante e excitante que só a você estava destinada.
O mundo é sua ostra gigante, então deixe a pérola dele prosperar e crescer,
Pare de se esconder de seu próprio amanhã.... abra seus talentos para o mundo ver...

41. O Dilema do Rapper

Sentindo-se desconectado, desarticulado, fora de contacto com a vida e o fluxo...nada para fazer, nenhum lugar para ir tão distraído,
Seguindo a multidão como carneiros indo para o matadouro — correndo da verdade como um esquecido!

Disseram-me que era o início da queda: prisão, álcool, sexo, gangues, drogas, Hip-Hop, Rock'n roll.
Vivendo inconsciente nos tempos modernos, transformando-se para "O Homem", em bucha de canhão,
Focado apenas na superfície, na sua aparência, no que você bebe, com quem você anda:
tudo que você quer é ficar bronzeado no verão?

Onde está o ritmo calmo da vida, onde está a dança, a música, a brincadeira?
Nenhuma destas políticas divisórias, não mais metaforicamente "com uma pistola apontada para a moleira"!
Muitos jovens estão desiludidos e só querem divertimento,
Esquecidos dos sons harmoniosos, da geometria sagrada e das luzes do conhecimento.

Entregue-se ao fluxo e refluxo da vida, em total aceitação — assim você pode começar realmente a viver,
Tomar e querer mais e mais é como a morte — agora comece a dar!
Mensagens subliminares, escutas secretas, programadas pela mídia a cada dia,
Faz você ligar o piloto automático — ser um escravo do sistema — do nascimento à morte...o que você diria?

Sua alma, corpo e mente, sendo levados pela recessão econômica, engano da mídia, e doutrinação cultural...

A resistência a isso é fútil, pode-se pensar; muitos param e desistem da luta: esta inteligência artificial tem um apetite fenomenal.
Há pessoas caminhando entre nós que são zumbis e codificadas: este é o retorno da Máquina, duplamente recarregada!

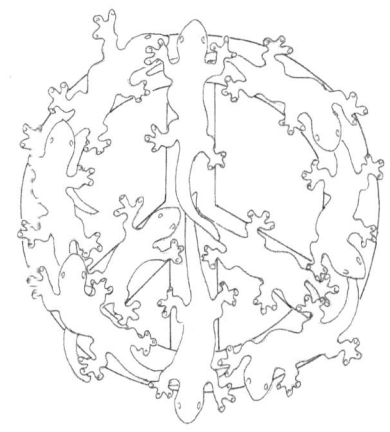

42. Onde Sopra o Vento Selvagem

No passado parecia que eu estava correndo, sempre em movimento,
Indo na direção de onde sopra o selvagem vento.
Mas agora estou a avançar a passos largos, as coisas bem devagar vou levando,
Permitindo que a semente vá mais fundo no solo, para que manifeste a sua natureza única se formando.
Deixe sua gratidão e autocontrole serem sinceros, deixe seu copo cada vez mais cheio de desejo de viajar, transbordando!

Há perfeição, Beleza e mágica no universo; no nível humano, há caos e desarticulação,
Perfeccionismo é o inimigo – medo escondido como virtude — ele mata; exatamente como uma execução.
Você passará por muitas fases de crescimento, a única constante na vida é a transformação,
Seu subconsciente sabotará a mudança por default, as frustrações farão você querer se retrair em vão.

Para o subconsciente, a mudança é como uma parte de você que morre; isto é algo que você irá descobrir,
Ele fará de tudo para trazer você de volta ao passado, é quando sua fase de crescimento irá se concluir.
Você precisa crescer a partir de seu interior como um ser humano — quando você cresce — tudo cresce ao seu redor,
Você é o criador, o construtor de sua vida; você decide viver o paraíso na Terra, ou fazer parecer que sua vida é a pior.

Não desperdice toda a sua energia perseguindo o dinheiro, ele pode ser um humilde servo ou um capataz brutal terrível,

O dinheiro é um conceito que você precisa descobrir cedo, ou sua vida será uma montanha russa horrível.
É um conceito, energia a ser seduzida, fazer amizade: isto você precisa dominar e assimilar,
O dinheiro pode ser comparado à um gato: tem que ganhar sua confiança para que volte e por perto ficar.

Com seu valor reconhecido no mercado, sorte sorrirá e oportunidade à sua porta baterá,
Logo seus desejos serão satisfeitos, e de pedir mais você deixará.
Coloque seu foco em seu próprio crescimento, tornando-se valioso e imprescindível,
A sorte começará a seguir você por todo lado: você começará a tornar as coisas possíveis e se sentirá incrível.

Você precisa mudar da lógica transacional para a mágica transformacional,
Saindo e se afastando do que é familiar, vai acordá-lo para o que é possível e potencial.
O valor vem de dons que você já possui, e o que vem de seu interior,
Alguma das coisas que você ama na vida, para o mundo, tem tremendo valor.

Pode parecer que os eventos acontecem de modo aleatório na vida,
Mas é a forma de aparecer que o está levando à liberdade mais querida.
A vida não acontece para você, a vida acontece através de você que se realiza.
Tudo em que você precisa focar, é permitir-se florescer, é tudo o que você valoriza.

Presenteie o mundo com seus talentos únicos, vá em frente, continue,
Tudo o que você procura, afinal, no final...você está procurando o todo e completo VOCÊ!

43. Alguns Corações Batem como Um Só

Há pessoas neste mundo cujos corações batem como um só desde o início, desde o princípio, são grudados,
Cujo amor um pelo outro não tem limites, e eles precisam ficar juntos, porque não suportam ficar separados.
Há pessoas nesse mundo, com as quais nossos corações como um só batem,

A vida nunca estará completa, até que nos encontremos de novo, as coisas se desmoronam, desfazem.

Há uma estória de duas irmãs gêmeas que nasceram com intervalo de minutos; a primeira gêmea foi separada de sua irmã, por causa de suas condições,
A segunda gêmea foi colocada em outra incubadora, uma vez que não mostrava sinais de complicação.
As condições da primeira gêmea pioraram, e as enfermeiras não sabiam o que fazer,
Seus sinais vitais estavam se extinguindo, elas pensavam que a nenê não ia sobreviver.
A chefe da enfermaria pediátrica teve a seguinte ideia brilhante: vamos unir as gêmeas, seus corações irão bater como um só, elas pertencem uma à outra.
Quando as irmãs foram reunidas, a primeira gêmea se moveu para bem perto da segunda, e parecia que ela abraçava e a outra gêmea acariciava.
Depois que elas foram colocadas juntas, os sinais vitais da primeira gêmea se normalizaram e seu batimento cardíaco voltou ao normal: ela não podia ser apartada!

Há pessoas neste mundo, com quem nossos corações como um só batem,

A vida não está completa, até que nos encontremos de novo, as coisas se as coisas se desmoronam, desfazem.

O jovem marinheiro deu adeus à sua mãe, e tomou seu caminho de volta para a esquadra, quando sua folga terminou,
O batimento do coração da mãe se encontrou com o do filho no ventre, pela mágica e poder do amor, um vínculo mútuo que se criou.

Alguma coisa horrível aconteceu, e um homem bomba suicida se explodiu, levando consigo um barco e alguns homens,
O coração da mãe a alertou batendo descompassadamente, e ela soube lá no fundo que alguma coisa terrível havia acontecido próximo às costas do Yemen.
Este é o poder do amor, o laço entre uma mãe e seu filho, seus corações ainda batendo como um.
Há pessoas neste mundo, com as quais nossos corações como um só batem,
A vida nunca está completa, até que nos encontremos, as coisas se desmoronam e desfazem.

Ele tinha passado para um plano diferente e pacífico, onde nenhuma destas três dimensões haviam existido,
Ela soube em seu coração, seus dias estavam contados; seu filho era a razão mais importante pela qual ela vivia, era ele o que ela tinha perdido.

Há pessoas neste mundo cujos corações batem como um só desde o início, desde o princípio, são grudados,
Cujo amor um pelo outro não tem limites, e eles precisam ficar juntos, porque não suportam ficar separados......

44. A Linguagem do Coração

Indo além do bem e do mal, tempo e espaço, certo e errado...lá iremos nos encontrar,
Um lugar de beleza, serenidade, paz e magia: onde a vida é bela para se amar.
Onde o amor é supremo, o coração largo se abre; faz cessar o medo completamente,
A vida floresce rio abaixo, sem esforço... sem precisar trocar a marcha, suavemente.

Deixe-se envolver por aquilo que você sonhou e que você ama,
Sem julgamento e ego, deixe sua alma explodir com trovões e chama.
Faça de seu sonho futuro um momento presente de fato — um desejo que concebeu,
Imagine a sensação do seu desejo realizado, vindo do lugar onde já aconteceu...

No mundo quântico, todas as coisas são uma possibilidade, é assim que as frequências se mantem,
A linguagem física da forma e matéria irá indubitavelmente reagir, executar a linguagem que a ela convém.
Faça isto antes que você embarque na jornada de sonhos e desejo, desde a criação,
A linguagem principal vem de dentro da gente: a linguagem do coração!

45. A Experiência

Porque eu continuo usando estas máscaras diferentes?
Esta máscara é como os outros me veem; a outra eu uso quando perto não há gente?
A máscara que coloco para o público me ver — às vezes parece tão superficial,
Com toda a conversa fiada, todos os gestos...falsas esperanças e sonhos sem final....
Porque minha alma está queimando por dentro, e precisa de lágrimas para as chamas esmaecer?
Os muros que construí ao meu redor não são suficientemente altos para me proteger?
Será que eu esqueci de erguer um portão para uma saída?
A vida é realmente muito complicada, ou sou eu que faço isso?
Quanto tempo me resta neste local físico?
Como me ligo ao campo infinito dos sonhos?
A criança dentro de mim está feliz, ou quer fugir de mim?
Porque eu não posso ouvir o sussurro da sabedoria dos eruditos em meu ouvido interior?
Mentiram para mim quando eu era pequeno?
A vida é o que me disseram que era?
Porque eu me sinto em um vale de rochas, empurrando-as montanha acima?
Onde está a música dos pássaros cantando?
Onde está a dança dos insetos requebrando?
Acabei de acordar de um sono profundo, relaxante....

46. A Jornada da Vida

Como você tem sido um companheiro de viagem, nesta jornada de vida chamada,
A vida é cortada de muitas maneiras, mesmo que você não pare de achar que sua faca é culpada.
A jornada pode, às vezes, ser traiçoeira, cheia de desafios e lutas,
Algumas vezes as coisas tomam seu rumo, suavemente; outras vezes você é chamado a dar as cartas e a blefar.
Todo pôr do sol também é um amanhecer em algum lugar — todo santo já foi um pecador.
Toda moeda tem dois lados... já que você está aqui, isso faz de você um vencedor!
Uma coisa é certa, e é isso: a vida não é só coisas materiais acumular,
Lembre-se, você não levará nada daqui quando sua luz se apagar.
Não dê seu poder a alguém com um jaleco que faz experiências,
Ou logo você terá buracos no barco flutuante de sua existência.
Você é tão forte quanto seu elo mais enfraquecido,
Como você joga o jogo determinará se você irá nadar ou se dar por vencido.
A sabedoria das eras, ouvindo a verdade contada por sábios esclarecidos,
Conhecendo e entendendo e experienciando a vida no Agora... não o destino, mas movendo-se gradualmente em períodos.
As palavras podem ter a doçura do mel, ou a amargura que pode fazer você chorar,
Eles podem fazer você alcançar um estado dos céus, mesmo antes de expirar.
O subconsciente é como um computador central, e seu poder de computação além do pensamento,

Dentro dele está tudo que você sempre quis e desejou; seu interior é literalmente um tesouro imenso.
Ele sobe e desce em ciclos, em ondas de energia ele se mede,
Está principalmente em transe, hipnotizado e atordoado... é assim que ele procede.
Desperte para o seu potencial, assuma a responsabilidade, faça disso uma missão,
Ou a hipnose da cultura, meio ambiente, educação, assumirá pelo padrão.
A vida tem apenas uma agenda, para realizar o potencial da semente,
Você é a expressão dessas qualidades, realmente!
Todo mundo está lutando por sua própria perspectiva, isto requer tempo, paciência e atividade!
Se não for realizado logo, de uma grande parte da vida é o que você vai sentir saudade.
Preocupar-se é orar pelo que você não quer — imaginando o pior cenário,
Caos e distração serão irão crescer e fazer da vida um rodeio temerário.
Viva sua vida como se seus desejos já tivessem sido atendidos,
Seu destino atual não é o seu destino final: que foi cancelado!
A supressão de emoções leva à depressão, a falta de sua autoexpressão,
Você não é limitado por recursos, mas pela engenhosidade e de fé uma profissão.
Mesmo as partes mais danificadas, que você imagina de sua alma,
Tem a eternidade e a divindade dentro delas, e o brilho de ouro real que acalma.
Continue em movimento, continue e continue crescendo, como o aço fique forte,
Você não pode curar o que esconde e não revela de sua sorte!
Não esconda o trauma que moldou sua vida,

As palavras que podem derrubá-lo, também podem causar uma ferida.
Há algo dentro de você que está destinado a ser fecundo,
É essa luz dentro de você, em seu núcleo profundo.
As dificuldades, a regligência, o abandono.... dor mental, física e emocional,
As desculpas, o tempo perdido — tudo isso moldou e transformou você na pessoa que é: Tudo isso foi banal?

47. Nascido Neste Mundo

Nascido neste mundo, nu e assustado, com uma lâmina cortado o cordão umbilical,
Subitamente, o papel de minha mãe muda de dona de casa para serviçal.

Nascidos em um mundo de pura luz e amor, todos nós nascemos bonitos como uma pombinha,
Transferidos do céu para este mundo de gente mesquinha.

Nascidos em um mundo de dualidade, desigualdade — pouco profunda mentalidade,
Poderes retirados cedo pela sociedade... a única escolha que resta para a maioria é a mediocridade.

Nascidos de um mundo que emana da Fonte, o Inominável – uma centelha do Divino,
Mas logo aprendemos a separar, competir, disseminar...isto é seu e isto é meu sem mimo.

Nascido em um mundo que anseia por dormir em uma cama adequada,
Desde então temos andado em círculos o dia todo como uma galinha sem cabeça: energia vital esgotada.

Nascido em um mundo de muitas perguntas, como o que, onde, porque e quando?
Eu sei que você é uma pessoa curiosa e esperta...tudo o que você precisa fazer é encontrar respostas: é olhar para Dentro!

48. Um Trabalho de Amor

Às vezes leva o dia inteiro, escrever ou reescrever um poema ou uma peça de teatro,
Mas tudo bem, porque é um trabalho de amor.

Às vezes você é solicitado a ter foco e estudar na escola, você precisa lidar com um bocado de disparates e besteiras,
Mas tudo bem, porque é apenas um trabalho de amor.

Às vezes você perde o sono à noite, o bebê recém-nascido chora e precisa ser alimentado até o raiar do dia,
Mas tudo bem, porque é um trabalho de amor.

Às vezes você toca seu instrumento e pratica dia e noite, o trabalho árduo machuca seus dedos,
Mas tudo bem, porque é um trabalho de amor.

Às vezes parece que você está tratando de muitos bêbados, prostitutas, traficantes de drogas, abuso e crime...vê na vida só lixo e sujeira,
Mas tudo bem, porque é um trabalho de amor.

Às vezes parece que sua Vida passou furiosamente e rápido — você acarinha as lembranças e quer saber "quanto tempo mais isto vai durar?"
Mas tudo bem, porque a Vida é um trabalho de amor.......

49. Os Tambores da Revolução

Os tambores da guerra são ocos, mas meus tímpanos estão machucando,
Milhões de crianças no mundo estão famintos, migalhas de pão procurando.
As notícias agora em 2018 são todas sobre desespero e crise,
Eles divulgam nas telas, desastres, guerra, terrorismo e grupos como ISIS.

Impérios desmoronam e por dentro se consomem,
Pão e Circo, narcisismo, sociopatia: antes que o suicídio eles realizem.
Inocências sacrificadas, natureza devastada, medo e ganância estão sofrendo,
Os Quatro Cavaleiros do Apocalipse, de fato, dos céus estão descendo.

Bombas nucleares não permitem das guerras prisioneiros,
É a mais não diplomática e desumana maneira de contas acertar.
Decisões importantes são deixadas nas mãos de estrelas do reality show aventureiros,
Nós nos tornamos tão desiludidos que é uma farsa não conseguimos atinar?

Eu sei que a vida parece ser injusta e complicada,
O que aconteceu às pessoas que tinham compaixão, dedicadas?
Não deixe a mídia, a política e o governo lhe dizerem: você não tem jurisdição,
Agora é hora.... Organização, resistência passiva, revolução!

50. A Musa

Eu estava tristonho e sozinho, desejoso e você; sou só eu e meu pinho,
Esperando ver você de novo, ter sua presença tão perto...mesmo que você tenha me deixado tão sozinho.
Fecho meus olhos, e tudo o que posso imaginar é a sua tez,
Refletindo um caleidoscópio de beleza, graça e polidez.
Eu tenho sido tão selvagem chamando seu nome — porque minha Musa me deixou só,
A vida se tornou enfadonha e chata, em volta de meu pescoço como se fosse um nó;
Eu estava pensando em largar tudo e a minha criatividade deixar de lado,
Mas quando você apareceu, começamos novamente a dançar, jantar e beber vinho requintado.
Então me dei conta, e tive uma percepção: uma epifania,
Eu tinha meu próprio destino a trilhar; eu estava em minha eterna via.
A Beleza é um estado de consciência alterado, um momento extraordinário de poesia e graça,
Isso nos abre e a luz, a verdade, chega até aqui, a gente aceita e abraça.
A Beleza pode nos fazer sair de nosso condicionamento, aponta para algo além do diário, do ordinário,
A Beleza emancipa, leva para o reino do sagrado; desperta impulsos para o extraordinário.
Passamos por anos de julgamentos e tribulações — opiniões de outras pessoas e prejuízos pregressos,
Estamos sempre em um estado de influxo — de se tornar — somos um trabalho em progresso....

51. Eu lhe Peço e Desejo ser Feliz

Palavras criam mundos...isso é verdade, eu lhe pergunto?
A caneta é mais poderosa que a espada, eu lhe pergunto?
É o que você vê, toca, cheira, ouve e sente o sabor, é tudo o que existe, eu lhe pergunto?
A Beleza é real, ou apenas átomos circulando em uma onda em sua mente, eu lhe pergunto?
Foi o que lhe disseram ao crescer, a verdade, eu lhe pergunto?
É como você se sente agora, tudo o que há para sentir, eu lhe pergunto?
Em uma dimensão de dualidade, a unidade é esquecida, eu lhe pergunto?
Você cria espaço dentro de si para eminência e graça, eu lhe pergunto?
Quão fundo se pode entrar no abismo da alma, eu lhe pergunto?
Quão fundo você entra nas fendas e serpenteia pelas rachaduras, eu lhe pergunto?
Quão superficial é a sua compreensão da sabedoria antiga transmitida, eu lhe pergunto?
Quão rasa é a água que levou a mensagem, eu lhe pergunto?
Quão altas são as montanhas que que se elevam esplendorosas acima das nuvens, eu lhe pergunto?
Quão alto é o altar onde você faz sacrifício aos deuses, eu lhe pergunto?
Eu quero ser feliz, sem nenhuma razão
Eu quero ser feliz, em qualquer estação
Eu quero ser feliz, sob a luz do sol quente
Quero ser feliz, mesmo onde não houver alegria, diversão ou gente
Quero ser feliz, se já terminei minha jornada, ou se ela está surgindo
Quero ser feliz, vendo a luz das estrelas indo e vindo
Quero ser feliz, onde quer que minha alma queira estar

Quero ser feliz, mesmo que meus olhos se fechem, mas ainda possa olhar
Quero ser feliz, onde a natureza seja livre e agreste
Quero ser feliz, onde seu reflexo e o meu sejam celestes
Quero ser feliz enquanto eu for brincalhão, cheio de alegria gostosa
Quero ser feliz quando eu abraçar uma árvore vultuosa
Quero ser feliz, onde eu possa tomar uma xícara de chá e relaxar
Quero ser feliz: até o final da galáxia da Via Láctea viajar...

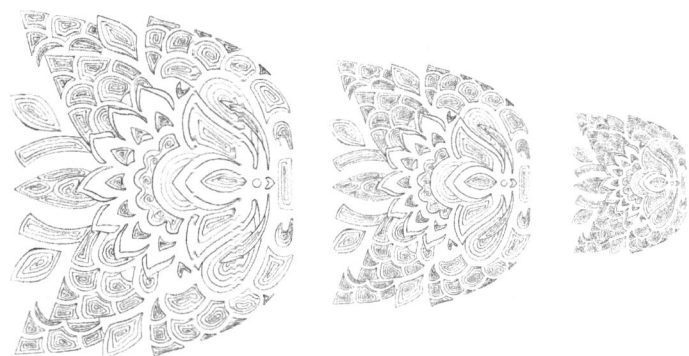

52. Eu quero saber

Eu quero saber quão longe uma borboleta pode voar antes de parar para descansar?
Eu quero saber como as águias perseguem seus companheiros e os convidam para construir seu lar?
Eu quero saber até que ponto os salmões nadam contra a corrente, tentam e se arriscam?
Eu quero saber como eles depositam as ovas e dão suas vidas pelos filhos e expiram?
Eu quero saber quanto tempo leva para um bebê ficar faminto antes que comece a chorar?
Eu quero saber quão longe uma tartaruga nada, até alcançar uma praia devagar?
Eu quero saber como ela põe seus ovos, cobre-os e desaparece no oceano?
Eu quero saber como algumas pessoas trabalham por longas horas e os meios pelos fins justificam?
Eu quero saber como as árvores de bambu se curvam diante da tempestade e se curvam?
Eu queria saber como os pinguins em áreas remotas, frias e desoladas do planeta habitam?

53. Estória de Amor

Quero espalhar amor neste mundo, em todas as suas manifestações,
Quero deter o espalhamento de dor e sofrimento, em todas as suas infestações.
Eu quero sentir amor e espalhar este amor — daqui para a Lua, e da Lua de volta,
Quero espalhar a palavra neste mundo, que o amor é abundante: não há falta!
Quero ser sua primeira paixão e o primeiro beijo ganhar,
Com você, a vida é muito melhor, de perpétua felicidade se alimentar ...
Uma vida bela, uma dança de graça e destemor,
Chamando você baixinho para vir se juntar a mim com amor.
Você não está com medo do novo amor que você encontrou
Você tem medo da dor que você já passou!
Você precisa quem é rainha, e quem é rei a eles mostrar?
Eles vão se abrir para você, como um canário, eles vão cantar.
Quando não há comunicação, as flores começam a fenecer ...
O amor que você partilhou começa a perecer, ele não quer mais permanecer.
Levanto-me ao com a alvorada cintilante
Para nadar à luz do sol brilhante
Deixe que o sol venha aquecer você
Deixe que o vento venha secar você
Deixe um oceano profundo limpar você
Assim, você pode dormir bem e sua coroa descansar.
Deixe a poesia ser a guloseima de sua alma
A criatividade em si é o objetivo principal,
Você precisa crescer de dentro como um ser humano

Quando você cresce, tudo cresce ao seu redor: em círculos também,
Você é o criador, desenhista, o construtor de sua vida — então viva grande e viva bem!

54. Por Favor Ajude a Parar Todas as Guerras?

Filhos de migrantes sendo separados de suas mães e colocados em cubículos,
Pessoas a fugir do crime, desemprego e nenhum meio de colocar comida na mesa com salários ridículos.
Os requerentes de asilo neste este país como cordeiros sacrificados os tratam,
Separam crianças pequenas dos pais e para campos de concentração as descartam.
Muitos terrenos traiçoeiros para caminhadas, com a esperança de imigração,
Ao invés disso, passam anos como criminosos empedernidos em forçada detenção.
Na verdade, eu mesmo sou um imigrante endurecido, até o coração,
Nunca tive um lugar para pertencer, antes, para criar profunda fixação.
Há milhões de pessoas no mundo que são refugiados,
Sem ajuda e sem lugar para ir — eles zumbem e voam por aí como zangões perdidos.
Há perigo quando os seres humanos são vistos como gentalha,
Descartável, tratado como lixo, abusado e usado como vítima de batalha.
Vá fundo dentro de si mesmo, conecte-se com sua Força
Entenda que você é aquele com a Consciência da Vida, por favor ajude a parar todas as guerras?

55. Espiritual

O que você ama, você dá seu poder — ao que você teme, você dá seu vigor!
Ao que você dá seu poder, você atrai para sua vida...como uma abelha atraída para uma flor.
Caminhe na luz e na verdade, o medo deve afastar,
E todos os obstáculos e dificuldades irão gradualmente se ausentar.
Deixe o passado, uma vida mais leve você irá gozar.
Como uma borboleta hipnotizante e colorida a voar.
Deixe sua vida ser uma casa de espelhos,
Um caleidoscópio de belas cores pastéis nos seus olhos.
Esteja presente, seja grato, seja amoroso, seja gentil e dê...
Deixe seu coração irradiar o amor, é assim que você deve viver.
Uma leveza, uma flutuabilidade, uma humildade, o que é bom e inalterado,
Todos os julgamentos revelam-se como autojulgamento no final, não seja enganado.
Trate seus filhos com respeito, sabedoria e cautela,
Ou o trauma e maus tratos serão transmitidos para aqueles sob sua tutela.
As crianças são como câmeras, fazem o download de tudo o que veem.
Sua compreensão é como eles sentem — é assim que como ser eles aprendem.
A maior parte da vida é governada por energias invisíveis que você não pode ver,
Energia que opera abaixo do radar da visibilidade, indetectável pelos sentidos, pode crer!
Quando você entende que a caneta é mais poderosa que a espada,
Não há maior poder gerado, do que quando você se compromete com sua palavra!

Quando você entender isso, poderá criar poder e riqueza incalculável,
A força é a forma enraizada no mundo material tri-dimensionável.
Você estuda o passado e almeja um futuro seguro,
Você só sabe que tudo é Eterno Agora, quando fica maduro!
Há um campo morfológico que atrai, invisível, poderoso e real em sua capacidade,
Ele opera na outra extremidade do espectro; é como ele faz você sentir sua habilidade.
O tesouro mundano que você deseja, está nos obscuros meandros da caverna do subconsciente: você não se atreve a entrar,
O que lhe desagrada no outro, é o que você não reconhece e seu núcleo central não consegue aceitar.
A bagagem de sua história, a narrativa que você conta a si mesmo, é tudo uma história fictícia inventada,
A narrativa faz com que você viva a sua vida como vítima ou torne sua vida inesperada!
Você vai passar por muitos desafios na vida, matar demônios das sombras, enfrentar e vencer seu medo extenso,
Afinal, há uma razão e um propósito que são unicamente seus; de outro modo, aqui você não estaria, é consenso!
Palavras afirmativas podem criar uma alquimia mágica no fundo do subconsciente,
Elas fazem você sair do circuito, aquele ciclo que pode se tornar viciante.
Se você permitir que elas prosperem; sua vida, com certeza salvará,
Se omitir e não o deixar sair; você mais cedo ao seu túmulo infeliz levará.
Você está com essa energia, e esta energia dentro de você é especial,

Fique em contato com ela, deixe que ela lhe mostre o que é real.
Assegure-se de se livrar de toda a sua bagagem passada, tente suas raízes profundas cravar,
Não guarde ressentimento pelos eventos passados, assim varrê-los para baixo do tapete você não vai precisar.
Resistir à vida é fútil, cria todos os tipos de problemas psicológicos especiais,
Seus julgamentos e apegos a conceitos, ideias e objetos, farão você pagar com imensas dívidas emocionais.
Desde o tempo em que você era um bebê, seu subconsciente é programado para se mover em direção ao prazer e da dor se afastar,
Perder algo que causa dor será atenuado, assim é o que você teria no futuro a ganhar!
Esta é uma visão que com os olhos de sua mente só você pode ver,
Sua visão tem que levar a semente ao solo, florir e dar frutos antes de você perecer.
Tristeza e depressão são uma forma de sua alma alertá-lo de que sua mente está focada em um evento passado,
Regurgitando um evento em sua mente, repetidas vezes, querendo que ele fosse diferenciado!
Cada movimento e decisão em sua vida leva você a uma nova aventura, uma nova direção,
Se você não for cuidadoso, você vai se perder e viver sua vida como uma projeção.
Não cometa o grande erro de cair em vícios, na automedicação,
Você pode começar a alucinar, e daí pode ser muito tarde para se tornar são.
Você precisa não só limpar o corpo, mas também de mídias digitais e sociais se libertar,
Desligue o seu telefone — fique longe de comida processada — evite o New Media...seu Xbox deixe guardar!

Baixa autoestima camuflada como confiança e escondida à vista de todos por perto,
Fingindo ser mais santo do que você, se gabando de ser poderoso, e certo?
É difícil para você apreciar sua vida, ser feliz, divertido e eloquente,
Quando, no fundo, há aquela sensação corrosiva de que você não é o suficiente!
Todos os tesouros e oportunidades estão abertas para você, mas algo sempre o está a segurar,
Se você ainda não fez as grandes perguntas, você não atingiu a melhor versão de si mesmo: a vida um tapa vai lhe dar.
Na realidade deste tempo e espaço, você não pode gerenciar aquilo que não tem a medida,
Ter a medida fará você saber quando estará chegando perto de encontrar sua arca perdida.
O que você normaliza, se torna fácil de manifestar e realizar,
O que você quer ou deseja, com baixa consciência, você perde: muito mais difícil de se materializar!
A mesma consciência que você opera baixa, não pode resolver os problemas pendentes, e simplesmente não vai caber nela,
É como um peixe na água, ele não sabe fazer nada melhor, está sempre rodeado por ela e dentro dela!
Você não pode ser seu próprio psicólogo, mentor ou curador, porque você está na sua própria água afogado,
É fácil para outra pessoa ver suas fraquezas e falhas, direcionar você para novos protocolos, colocá-lo em um novo caminho que será mais adequado.
Um conselheiro irá gentilmente cutucar você, um sopro de fé vai lhe dar,
Resolver suas procrastinações e seu hábito de só esperar!
Observe e você irá notar pessoas agindo assim, como uma pobre versão de seus próprios personagens de desenho,

Elas são como os zumbis caminhando em um filme, sem visão ou direção, simplesmente cortado sem engenho.
A depressão causa desespero, coloca um grande obstáculo, deixa a vida parada,
A vida se torna melancolia e desgraça; nervoso, você pisa em ovos: como a lâmina afiada de uma espada.
Uma pessoa com alta consciência, irá adquirir riqueza e sucesso que vem para ficar,
Baixa consciência fará as pessoas perderem mesmo o que já tem, tudo irá se evaporar.
Alta consciência nas pessoas, faz com que elas fiquem focadas em crescimento e contribuição,
Pessoas pouco conscientes gastam suas energias em ciúmes e retaliação.
Uma vida significativa: não é ser rico, popular, famoso, educado ou amante da perfeição,
É sobre ser real, humilde, capaz de compartilhar seus dons...tocar, mover, inspirar a humana condição!
Quando você persegue status e recursos pouco saudáveis, aquela energia vai fugir de você,
Quando você se torna e incorpora o que está perseguindo — todos estarão olhando para você!
Seja o autor de sua própria jornada de aventura e sua história de vida vá escrever,
Viva uma longa vida plena de sucesso e satisfação agora, porque mais tarde irá se arrepender!
O quanto você é forte, do elo mais fraco em sua corrente depende,
O conhecimento e a sabedoria que você persegue, que você vai atrás, é o que você aprende.
Você está conectado a seu âmago, você é impelido para, em direção de seu propósito e sua meta, fazer o movimento,
Você não é definido pelas margens de seu corpo, mas pela grandeza de seu pensamento.

Sua mente não descreve a sua realidade — ela a cria,
Onde todas as complexidades se unem, entrelaçam e se encontram, se faz a energia.
Energia massiva da natureza, contida e repetida em suas menores partes,
Reunidas com harmonia, e aí você vê a beleza da natureza, música e as artes.
Muitas pessoas tentam se encaixar em um molde, onde o amor é transacional e não transformacional,
A verdade de quem você é, não o que você pensa que deveria ser, isto é pessoal!
Tenha uma mente em crescimento, mente de principiante, totalmente absorvida em aprendizados novos e conhecimentos,
Deixe o mundo ser o que ele é, deixe-o continuar a girar e evoluir os acontecimentos.
A verdade é constante, não deve ser um alvo a se movimentar,
O comércio é a divindade moderna, e o que ele prega é comprar!
Nossas esperanças e sonhos são frágeis, como um dente-de-leão pelo vento disperso,
Quem sabe quão longe eles podem voar e florescer, então por enquanto esconda-os em seu universo!
A Empatia, se entendida corretamente, é o oposto de Utopia,
Se você não a adquirir, você viverá em Distopia.
O perigo é a proliferação de muitas organizações se tornando rígidas, causando uma luta social incoerente!
Você sabe que a definição de insanidade é fazer a mesma coisa repetidamente e esperar um resultado diferente!
Quando você vê a natureza como o outro, algo a ser dominado, algo a ser conquistado,
Grande número de espécies se extinguindo, seus habitats desaparecendo, eles não têm lugar demarcado.
Humanos causando alterações climáticas, desmatamento, ao meio ambiente estragos perpetrando,

Homens fortes e oportunistas estão saindo das sombras e no governo se embrenhando.
No ocidente, a obsessão pelo fazer é extrema, as pessoas até o cumprimentam dizendo: "Como vai você?"
No Oriente, são as duas mãos juntas perto do coração, "Namaste", a luz que está em mim, também está em você!
Leve uma pessoa da dor e sofrimento para a glória,
Para quem você quer ser o herói de sua vida na história?
Levante-se, movimente suas energias, ponha seu corpo em movimento,
Dance e flutue como uma onda, no meio do oceano azul firmamento.
Deixe o espírito guiar você para a natureza, para consciência matizada de diferentes níveis de dimensões,
Que você possa ser levado para terras distantes e remotas constelações.
Eu quero criar asas, asas fortes, para que eu possa subir bem alto, de onde as águias voam ficar mais perto,
Como o dia se torna noite, que tudo isso aconteça em um piscar de olhos, a céu aberto...

56. Homenagem à Abelha

Vivemos em tempos rápidos, na terra do leite e do mel,
Em vez de sentir a Utopia, as pessoas as pessoas continuam perseguindo o fantasma da moeda em papel.
Eles estão estressados e zunem pelo dia inteiro como abelhas,
No entanto, sem as abelhas, a economia cairá sobre as rótulas.

Na natureza tudo é harmonia, e cada coisa é dependente de outra na raiz,
Há um balanço silencioso, uma ordem bela e silenciosa...como se tudo nascesse de Gaia — a matriz
A resposta a tudo isso, a real solução e chave da charada,
É a poderosa e pequena criatura — abelha doce e atarefada....

Da próxima vez que você comer, lembre-se de quem ajudou a polinizar as plantas e árvores verdejantes,
Tenha consciência e lembre aos outros, por favor, de toda a poluição que lançam no meio ambiente!

57. É tudo sobre você!

Deixe o amor a âncora de sua alma ser,
Deixe que a compaixão seja seu primeiro querer.

Um criador, um artista, enxerga com a ajuda dos cinco sentidos,
Ele desenha, pinta, atua, canta, dança e toca música compungido.

Não fique preso ao desespero em vão,
Não é sua culpa, é seu cérebro esquerdo em ação.

Você tem milhões de anos de tentativa e erro na evolução e laboratório da natureza.
Há um poder dentro de você — que está adormecido — ele pode criar sua própria beleza!

A vida sobe e desce, mas às vezes parece que se tornou plana,
Não é o mesmo quando o coração para de bater, e as pessoas vivem só com suas mentes?

É hora de se desfazer de sua velha pele, das coisas velhas, do que não está funcionando, da confusão mental,
Uma atitude de gratidão percorre um longo caminho, na direção da cura mental, física e emocional...

 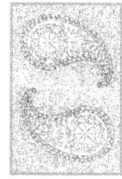 

58. Que Lindo!

É um novo dia, o sol já nasceu ou logo vai nascer
Estamos bem descansados, prontos para caminhar
O universo sorri ao ver crianças brincando
A abundância prevalece, reina a felicidade!
Pessoas se conectam, o amor aflora, a força é Uma só...
Não são lindos os raios de sol esquentando a pele com um brilho dourado?
Os pássaros cantando e os esquilos balançando nas árvores,
Não é linda a natureza em sua glória, não é uma longa história?
Não é lindo o choro de um bebê recém-nascido?
A ternura do beijo de uma mãe.
A alma coletiva que pertence a todos, a natureza fractal holográfica de todas as coisas...

59. A Flecha do Cupido

Vejo você com os olhos de minha mente, vejo você através da neblina
Vejo você através de relâmpagos, trovão e chuva
Vejo você através da nevasca, enchentes e furacão
É amor, luxúria ou paixão que nos faz ficar juntos?

Cabelos macios, pele, lábios, beleza e elegância é tudo que importa,
Dançar contra o vento, e abraçar as nuvens
Rolar sobre as areias do oceano, balançar à beira da lua...
Eu gosto do seu sotaque, do modo que você se veste, seu sorriso, seu estilo,
Eu gosto quando você sussurra doces palavras em meu ouvido, e nós rimos...

Nossos olhos se abraçam, Cupido arremessa a flecha
Deixamos nossos lábios fazerem todo o trabalho, estamos presentes no momento
O Universo flui como ondas do oceano, estamos em movimento constante e ritmado...
A flecha do Cupido atingiu o alvo — e nós nos tornamos só Um!

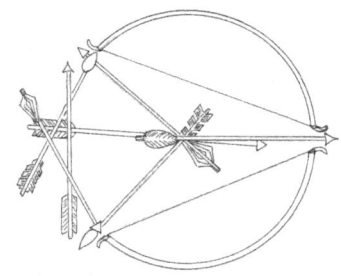

60. Vamos Personalizar

Diga-me, como seu coração se partiu em mil fragmentos?
Você foi abandonado quando era criança e expulso de internatos?
Alguém lhe mostrou o que a paz realmente é?
A flecha de Cupido tentou acertar no alvo, mas errou em todos momentos?
O valentão o machucou com impropérios e insultos?
Você se sentia miserável no caminho para a escola naqueles ônibus amarelados?
Sua família subiu e desceu e passou por muitos mal momentos?
O bicho-papão no show da noite mostrou o quanto é bruto?
Eles te encheram na Escola Dominical com histórias de Moisés no Velho Testamento?
Seu pai estava sempre reclamando do trabalho e de seus gastos?
Você está ciente, agora, para o que você vive e qual é o seu propósito?
Você sabe qual é sua visão, missão e fundamento?

www.ingramcontent.com/pod-product-compliance
Lightning Source LLC
Chambersburg PA
CBHW050839160426
43192CB00011B/2083